シリーズ 後藤新平とは何か——自治・公共・共生・平和

官僚政治

後藤新平 著

後藤新平歿八十周年記念事業実行委員会 編

藤原書店

「シリーズ　後藤新平とは何か――自治・公共・共生・平和」発刊によせて

本シリーズは、後藤新平歿八十周年を記念した出版である。

幕末に生まれ、明治から昭和初期にかけて、医学者として出発し、後に行政官を経て政治家として数多くの仕事を成し遂げた後藤新平（一八五七―一九二九）。愛知医学校長、内務省衛生局長、台湾総督府民政長官、満鉄初代総裁、鉄道院初代総裁、逓信・内務・外務大臣、東京市長などを歴任した。関東大震災後は、内務大臣兼帝都復興院総裁として東京の復興計画を策定し、今日ある首都・東京の青写真を描く。惜しまれつつも政界を退いた後は、東京放送局（現NHK）初代総裁として放送の公共性を訴える一方、少年団（現在のボーイスカウト）日本連盟の初代総裁として、将来を担う子どもたちの育成に力を注いだ。最晩年には、「政治の倫理化」運動を提唱して全国を行脚し、また病身をおして極寒のソ連を訪れ、日ソ友好に向けてスターリンと会談するなど、在野の立場ながら公に身を捧げた生涯だった。

小社では二〇〇四年以来、〈後藤新平の全仕事〉と銘打って、『時代の先覚者・後藤新平』、『〈決定版〉正伝・後藤新平』全八巻、『後藤新平の「仕事」』、『後藤新平大全』など、後藤の全仕事を現代に紹介する出版をしてきた。それらの刊行に、〝後藤新平ブーム〟の到来とささやかれているが、あまりにスケールが大きく、仕事も多岐にわたるため、その全体像を描くことは、又それらの仕事のつながりを有機的に関係づけることは、きわめて困難でもある。しかも、後藤が現代を生きるわれわれに遺してくれた仕事は、百年を経た今日でもいささかもその現代性を失っていない。その仕事の通奏低音とも言うべき一貫した「思想」は何であったのか。そうした問題意識に立って、後藤新平を読み解くことを試みるのがこのシリーズである。

後藤新平ほど、論文や書物や講演が数多く残されている政治家は稀有であろう。本シリーズでは、そうした後藤の膨大な著作群から、「自治」や「公共」といったキー概念を軸に論考を精選して編集する。後藤は、〝生物学的原理〟という、医学者でなければ発想できないような独特な「自治」の思想を生み出した。それを基盤に、都市計画、内政や外交、そして教育などへの発言を各々のテーマに沿って整理することにより、後藤の思想を現代の読者にわかりやすく提示したいと考えている。

収録した後藤のテクストは、現代語にあらため、ルビや注を付すことで、現代の読者にも容易に読めるよう工夫した。また、それぞれのテーマについて、いま最もふさわしいと考えられる第一線の識者のコメントを収録し、後藤の思想を現代の文脈に位置づける手がかりとした。さらに後藤自身の重要な言葉は、エピグラフとして抜粋掲載した。いずれも読者にとって格好の手引きとなろう。

江戸の思想家、熊沢蕃山や横井小楠らの思想の影響を受けつつ、十九世紀後半から二十世紀初頭にかけての世界状勢の中で独自に生み出された後藤新平の「自治」の思想は、「公共」はいうまでもなく、国内の、さらに諸外国との「共生」へと連なり、ひいては「平和」へと結びついていくものである。その意味で、彼の思想は現在はおろか、時代を超えて未来の人々に役立つものと確信する。本シリーズが、二十一世紀に入ったばかりの苦境に陥っている世界や日本の人々にとって、希望を見出す一筋の光にならんことを切に願うものである。

二〇〇九年春三月

藤原書店編集部

後藤新平（ごとう・しんぺい／1857-1929）

水沢藩（現・岩手県奥州市）の医家に生まれる。藩校で学ぶうち，赴任してきた名知事・安場保和に見出される。福島の須賀川医学校で医学を学び，76年，愛知県病院に赴任。80年には弱冠23歳で同病院長兼愛知医学校長に。板垣退助の岐阜遭難事件に駆けつけ名を馳せる。83年内務省衛生局技師，ドイツ留学後同局長。相馬事件に連座したため衛生局を辞すも，陸軍検疫部にて日清戦争帰還兵の検疫に驚異的手腕を発揮し，衛生局長に復す。

1898年，総督児玉源太郎のもと台湾民政局長（後に民政長官）に抜擢され，足かけ9年にわたり台湾近代化に努める。

1906年，児玉の遺志を継いで満鉄初代総裁に就任，2年に満たない在任中に，満洲経営の基礎を築く。

1908年より第二次・第三次桂太郎内閣の逓相。鉄道院総裁・拓殖局副総裁を兼ねた。16年，寺内正毅内閣の内相，ついで外相としてシベリア出兵を主張。

1920年，東京市長となり腐敗した市政の刷新を唱導。また都市計画の発想に立ち，首都東京の青写真を描く（東京改造8億円計画）。在任中の23年にはソ連極東代表のヨッフェを私的に招聘し，日ソ国交回復に尽力する。

1923年の関東大震災直後，第二次山本権兵衛内閣の内相兼帝都復興院総裁となり，大規模な復興計画を立案。

政界引退後も，東京放送局（現ＮＨＫ）初代総裁，少年団（ボーイスカウト）総長を歴任，普通選挙制度の導入を受けて、在野の立場から「政治の倫理化」を訴え，全国を遊説した。また最晩年には，二度の脳溢血発作をおして厳寒のソ連を訪問，日ソ友好のためスターリンと会談した。

1929年，遊説に向かう途上の汽車のなかで三度目の発作に倒れる。京都で死去。

〈シリーズ・後藤新平とは何か〉

官僚政治――目次

三三一〜四四頁写真　市毛　實
カバーデザイン　作間順子

シリーズ・後藤新平とは何か

官僚政治

〈解説〉「官僚政治」による「官僚政治」の超克

御厨 貴

『官僚政治』翻訳刊行の動機と背景

一八九八年に台湾総督府民政局長（のち民政長官）として赴任し、一九〇六年には半官半民の南満洲鉄道株式会社（満鉄）初代総裁に就任、一九〇八年からは第二次桂内閣に逓信大臣として入閣した後藤新平は、一九一一年八月、同内閣の総辞職により、足かけ一四年にわたった官途の要職を一旦退き、野に下った。本書に収録されたヨゼフ・オルツェウスキー『官僚政治』が、後藤新平訳として出版されたのは、それから間もなくの同年十一月のことであった。

後藤と『官僚政治』の出会いは、同「序」によれば翻訳刊行の「八年前」、後藤が台湾総督府民政長官の時代とされる。本書巻末の『『官僚政治』原著者について」(二九四頁)にもあるように、同書は一九〇三年にポーランド語の原書が刊行され、翌〇四年にドイツ語に訳されているが、後藤が手にしたのはおそらくそのドイツ語版であろう。いずれにせよ、原書刊行から間もない時期である。後藤自身も目を通し、後藤の片腕で「翻訳の名手」とされた森孝三に翻訳させたものの、その時点では刊行されず、いわば「お蔵入り」となった。

なぜ後藤は、一九〇四年の時点で同書をすぐに刊行しなかったのか。後藤が述べるように「官僚政治」という訳語は「至るところで派生する弊害を目線に入れて、これを指摘するのに便利」なものである。実際、この語を冠した同書は、一見すると、「官僚政治」の病理をえぐりだす、わかりやすい「官僚政治」批判の書となっている。ここで指摘される問題を抽象的・類型的に整理すれば、時代や地域を超えた「官僚政治」批判として当てはまるように描かれているのだ。

しかし、一九〇四年といえば、第一次桂内閣が政友会の支持をとりつけながら、二月に始まった日露戦争を何とか乗り切ろうとしていた時期である。もしその時点で同書を刊行していれば、いかにも後藤らしくたとえ〝議論喚起のため〟と銘打ったとしても、後藤が桂内閣に対する何らかの批判的な考えをもっていると見なされるのはまちがいない。それは、桂にとって不利になることはもちろん、後藤にとっても好ましくない結果を招いただろう。この第一次桂内閣と、続く第一次西園寺内閣においても後藤は官途（台湾総督府民政長官、満鉄総裁）に身を置きつづけたから、後藤が同書のような「劇薬」に手を触れることはできないという政治的判断をしたとしてもおかしくはない。

一方、一九一一年の段階ではどうだろうか。八月に大臣を辞め「浪人の身」となった後藤は、先述のように、それから日も浅い十一月に同書の出版に踏み切っている。辞職からきわめて短期間で出版を実現したとすると、機会をかなり見計らったうえでの刊行であることは間違いない。

では、この時期を選んで刊行した理由とは何か。その背景にあるのは、第二次桂内閣時代の後藤自身の経験であろう。同内閣で初代の鉄道院総裁に就いた後藤は、国有化された鉄道の運営に携わった。この時期は「鉄道広軌化」の問題が盛んに議論された時期であり、国有鉄道の経営そのものは最終的に成功したものの、後藤が肩入れした鉄道広軌化は、政友会の反対に遭って失敗に終わる。また、後藤は逓信大臣として郵便制度の改革をはじめとする種々の事業に着手するが、大臣として現実の組織に相対するなかで、まさにオルツェウスキーが指摘する「官僚政治」の病理に直面したことであろう。さらに、兼任した拓殖局副総裁としての経験についても同様のことが指摘できる。一九一〇年に韓国併合を「成功」させてしまったあと、拓殖局は有名無実化し、官僚のための官僚組織といった体をなしていく。むしろ拓殖省への格上げを訴えていた後藤にとっては、歯がゆい面があったことは否めない。こうした、現実の日本国家の官僚組織の病弊を目の当たりにしたことは、同書刊行の大きな動機となったにちがいない。

加えて彼が、同書「序」や「官僚政治を論じる」（本書所収）といった論説において明快に指摘しているのは、「官僚政治」が、国家の官僚組織だけではなく、会社や政党といった近代的な組織にはあまねく見られるということである。「官僚政治」を攻撃する当の政党の内部においてビューロクラシーが支配していることを指摘したくだり（本書九六頁）などは、明らかに政友会を念頭においた批判であろう。「鉄道広軌化」問題において硬直化した議論に直面したことは、政友会という政党組織であっても、「官僚政治」化が進行して自由な議論が奪われるという弊害を免れていないことを痛感させるものであった。

このように種々の組織において「官僚政治」の実態に触れ、その問題の一般的・普遍的な広がりを看取した後藤新平は、この段階で警鐘を鳴らしておかなければ、事態は深刻化し、その病弊がいっそう助長される結果になると懸念した。あえて一九一一年に出版に踏み切ったことには、後藤のそうした警告の意図が込められていたのである。

単なる批判を超える視点

ただし、後藤は単純に「官僚政治」批判の立場に与しているわけではない。本書に収録された後藤の文章で目を惹くのは、後藤が、近代国家の運営には官僚的な組織が不可欠であることを冷徹に見抜いている点にある。いや、それだけでは正確ではない。オルツェウスキーが「官僚政治」を「必要悪」と見なしているとしたら、後藤はむしろ、「官僚政治」のより積極的な側面に踏み込もうとしているのである。ここには、後藤新平の思考の複層性が現われている。

「官僚政治を論じる」において後藤は、まず「官僚政治」という訳語の選択と、その定義にこだわっている。後藤によれば、「官僚政治」は「官庁、会社、政党、その他の団体における執務方法」を指し、その意味では本来は中立的な語であるが、しばしば批判的な含意をもつものとして世の中には流通してしまう。それを懸念した後藤は、「卓上論病」「机上論病」、あるいは「官僚政治流」「官僚政治病」といった他の訳語をも模索したが、最終的には慣用にしたがって「官僚政治」の語を選ばざるをえなかった。

そうした検討を経たうえで『官僚政治』と題して刊行された同書は、果たして彼が危惧した通り、「官僚政治」の語が帯びる批判的トーンに引きずられて、およそ官僚的組織や人格を含む「官僚政治批判」の書としてだけ読まれることになった。さらには、「官僚系」の政治家と目されていた後藤が同書を刊行したことに、「種々の憶測を生じ」た。これは彼にとって想定はされたものの、やはり不本意なことであった。

そうした受容の一つの典型が、『新日本』[1]第二巻第二号（明治四十五年二月）に掲載された永井柳太郎による「後藤男訳官僚政治」という論考であった。これに対して、後藤は次号（第二巻第三号、明治四十五年三月）の同誌に、「永井柳太郎君に答う」と題する長文の反論を寄せる。紙数の関係で本書には収録できなかったので、この永井による批判と後藤による反批判を紹介しながら、後藤が『官僚政治』の内容をどのように捉え、いかなる戦略のもとにこれを刊行したのかを読み解いてみたい。

永井の批判論文の趣旨は、次の一節に集約されている。

「男〔後藤〕自らの序に依れば、男は八年前即ち台湾在職の当時既にこの書を買求め、その所説の肯綮《こうけい》に中《あた》るものあるに快哉を呼ばれたりという。然らば男自らは八年前に官僚政治の非難すべきを自覚し居られたるものと云うべし。然るに其後に於ける男の政治的経歴を見るに、これと矛盾するが如きものの存在するは何故ぞ。男が官僚派と提携せられたるは、或はその本心に出でたるにあらざるべく、これは姑《しば》らく別問題とするも、仮えばかの鉄道院に軍隊的服制を採用したるが如きは、この官僚政治論を愛読したりと称する人の行為としては聊《いささ》か矛盾せりと云わざるべからず。」

曰く、八年前から「官僚政治」を批判していたにもかかわらず、その後、満鉄総裁や逓信大臣として「官僚派」つまり長閥と提携したのは、政治家として一貫せず矛盾する行為なのではないか。同じく、鉄道院に軍隊的な制服を導入したのも、「官僚政治」批判と矛盾するのではないか——。

永井柳太郎らしからぬ、このいささか性急な批判に対して、後藤の寄せた反論は、じつに論理的かつ周到なものであった。

翻訳書に距離感を保つことの難しさ

「永井柳太郎君に答う」において、まず後藤は、翻訳書の所論と訳者の立場とを混同してはならない、と釘を刺す。

「抑《そもそ》も訳書の批評は、先ず翻訳の巧拙、並びに同一種類の原書に対する選択の適否を論じ、次に其内容に及ぶ可きものなるに拘らず、総て之等のことを閑却し、法律上の義務として翻訳書に署名せる、後藤新平其ものの批評をなせるもの甚だ少なからざるに至っては、頗《すこぶ》る奇怪千万な現象であると思う。」

さすがに永井は、「幸いにしてそれ等の顰《ひそみ》に倣わず」、後藤を著者オルツェウスキーと同一視するような愚はおかしてはいない。しかし、永井による批判は、次なる陥穽を免れていないことを後藤は指摘する。

「若し或る書を読みて、其所説まま肯綮《こうけい》に中《あた》る所あるに快哉を呼びたりとせば、必ず其書に論ずる通りに服従し検束されねばならぬという理由は如何にして生ずるか。」

後藤は、たしかに『官僚政治』を読んでその内容に賛同したが、だからといって「論語読みの論語知らず」となるつもりも「読書の従僕」となるつもりも毛頭ないと明言し、次のように述べる。

「我輩の政治的経歴に於て本書の所説と矛盾せる所あるは寧ろ当然のみ。何となれば我輩は此の著書に盲従するものに非ず。著者は或点に於ては自分以上の所もあるが、多くの点に於ては自分以下のものであると信ずる。」

「本書の著者は所謂《いわゆる》シリフト・ストレル〔Schriftsteller 文筆家〕と称するものにして、只一種の著作術に巧妙なるが為め、人をして思わず快哉を呼ばしめることありと雖《いえど》も、而も著者は決して国家の活動を支配し、時と場所とに応じて適当なる実務をとり、以て生民《せいみん》の幸福を進め得べき能力なき人と思うのである。」

ここで後藤ははっきりと、『官僚政治』とその著者オルツェウスキーに対する距離を明らかにしている。同書にはすぐれた点もあるが、実際家としての後藤から見れば欠点も多々みられる。後藤は、オルツェウスキーの説くような全面的な「官僚政治」批判が、日本にそのまま該当するとはまったく考えていないのだ。

もちろん後藤は、同書が全篇誤りであると言っているわけではない。同書で展開される「官僚政治」批判には、同時代の後藤にはもちろん、現代のわれわれの視点から見ても、あてはまる点がある。むしろここで後藤が示しているのは、著者と自分との、いわば「視点の高さ」の違いである。

「苟《いやしく》も一人の首領を戴きて一定の組織の下に活動する機関は、例えば政党でも亦民間の会社でも、悉《ことごと》くビュロークラチズムス即ち官僚政治の発現を見ると共に其弊害をも伴うものなることを悟らず、遑惶《こうこう》として迷路に彷徨《さまよ》えるもの比々《ひひ》皆然るを認めたのが、愈々本書を上梓するの必要を感じた一つの動機である。」

「全篇を通じて熟読玩味して見ると、著者は官僚政治の非難者なるか、将又《はたまた》官僚政治の避く可らざるを見て、成る可くその弊竇《へいとう》を矯正し、健全なる官僚政治の発達を希望せしものなるや否や、それさえ疑問である。」

後藤の見立て通り、すでに「官僚政治」は国家のみならず社会の種々の組織で不可避のものとなり、弊害も生みだしている。それに対して、ただ声高に批判を唱えるだけでは解決にはならない。ポイントは、いかにしてその弊害を改めていくかにあるのだ。

「調査」と「直感」との相互作用

この「永井柳太郎君に答う」という論説には、もうひとつ注目すべき一節がある。

「十余年前出版されたる、かの哲学者として又倫理学者として本邦にも其名を知られしパウルセン氏の『政党政策と道徳』なる小冊子、並びに最近出版のミツヘル氏の『政党政治』中「政党と官僚政治」と題するものの如きは、実によく時弊を論破したるものにして、世に官僚、非官僚を唱うる輩は『官僚政治』と相対照して、是非一読すべく、社会の健全なる発達に資する所多きを信じたのが此の書を公にせし第二の動機である。[2]」

周知のように後藤新平は、その生涯において膨大な数の著書、論説、パンフレットを公表した異色の政治家であったが、それらの出版は単なる「数打てば当たる」式のものではなかった。この一文から読み取れるのは、後藤が出版物を世に問うときには、時代と状況に鑑みて、そのトピックの関連書を幅広く渉猟した上で比較対照し、複数の選択肢のなかから今の日本にとって必要と判断したものを議論の材料として紹介しているということである。これはまさに、後藤が常に重視していた「調査」の思想が、出版活動においても基盤となっていたことを示している。現場の経験のなかから「官僚政治」という問題の核心を見抜く「直感」と、それを世に問うにあたっての「調査」による裏づけ——この両面を押さえることなくして、後藤の仕事の特色は見えてこないのだ。

さらに言えば、「調査」こそが、後藤の発想を支えていた根源であったと見ることができる。西洋化が急務とされ、ドイツが絶対であった時代において、後藤は、翻訳はあくまで翻訳であって、紹介者である自分とは異なるということを明確に意識し、ヨーロッパの思想学問を無批判に輸入するのではなく、それを超える視点を打ち出した。それは、後藤が本当の意味でのグローバルな発想をもっていたことを示しているが、それを根源で支えていたのが、まさに「調査」だったのである。

制服批判への周到な反批判

もうひとつ、永井が批判した「鉄道院の制服」についても触れておこう。後藤は、そもそも制服というものを一括りに論じることはできないという。

「此の書の制服論と鉄道院の制服とは全然性質分量の異る所あるに於ては、之れ亦永井君の説に敬服する能わざる所以である。(…) 制服は時代の推移と共に進化するもので、制服進化論を著述するに余りある位いのものだ。」

では、後藤が導入した鉄道院の制服とはいかなる性格のものか。制服には「軍隊的のものと、民政的のものがある。又両者の混合したるものもある」が、たとえば「所謂紳士制服とは何であるか。シルクハット、フロックコートの類即ち之である。(…) 此のシルクハットを用うる所の制服は如何にも実用に遠ざかり、人をして懶惰ならしめ、活動力を鈍らしむることは永井君も多分御承知であろう」。

しかし鉄道院の制服はこれとは異なる。

「鉄道院の制服は社会公衆を威圧せんが為めでなく、従業者をして常人よりも更に重大なる義務を担えること忘れざらしめんが為めに用いたのである。(…) 苟《いやしく》も制服として着用する以上は少し位い汚れ居ても、別に敬意を表する時に用ゆるものを着ければ何等の不都合無きを以て、甚だ経済的なりと言わざるを得ぬ。(…) 貴賓の送迎、若くは、大輸送の際に於いて鉄道従業者たることを、一目瞭然ならしむることが出来ねば、これがため非常に不便を感ずる (…)」

永井の批判に対して、後藤が展開した反論は、鉄道業の実態に即した説得的なものであった。制服の着用がそのまま「官僚政治」であるなどというのは、まさに「机上論病」的な批判であり、「評者自ら官僚政治の弊に陥れるものと云わざるを得ない」。これは永井への反論のかたちをとっているが、もちろん永井個人だけが読むことを想定しているわけではない。後藤はこの反論を通じて、「官僚政治」の問題点を知りたがっている一般国民にも注意を促しているのである。

付言すると、ここで後藤が説く制服着用の効用は、今日の民営化路線と比したときに興味深い論点を示唆している。国鉄分割民営化は、国有であるがゆえに官僚的で非能率化した鉄道事業を改革するためには、民営化以外ありえないという結論に基づいている。しかし、後藤の時代はむしろ逆で、民営だった鉄道を国有化することによって、却って無駄をなくして組織をうまく機能させ、鉄道の運行も円滑になり職務も改善された。そこに制服の導入が一定の効果を発揮している。民営化と国有化とは方向はまったく逆だが、「官僚政治」の弊害さえ取り除くことができれば、どちらでもうまく機能する。こうした普遍的な命題を後藤の議論から読み取ることができるのである。

「後期・後藤新平」への転回点

後藤は、「永井柳太郎君に答う」の結論として、以下のように述べる。

「我輩固より官僚政治の弊を知る。其改む可きを改むるに、何ぞ躊躇すべき〔。〕而も毒を制するに毒を以てする如く、官僚政治の弊を矯《た》むるには官僚政治を以てしなければならぬと、自分は思って居るくらいである。」

ここに『官僚政治』刊行の真意が如実に現われている。「官僚政治」というものを避けて通ることはできない。避けられないとすれば、それを非難し全否定するのではなくて、そこにもう一つ別の「官僚政治」、新しくいのちを吹き込まれた「官僚政治」を対置することによって、内側からそれを克服していくしかないのだ。これはあたかも、「正・反・合」の弁証法の如き発想である。

後藤は『官僚政治』刊行ののちに、桂太郎にしたがって立憲同志会の結成に参加するなど、一時期は政党に与することもあったが、基本的な姿勢はこの『官僚政治』刊行の時点から一貫している。すなわち、国家であれ政党であれ、「官僚政治」はどこにでもあるものだから、それを改善するところにおいて貢献したい、ということにつながっていく。

彼が、一九一一年に『官僚政治』を刊行することで世に示したメッセージは、意外にも彼自身のその後の生涯を規定していると言える。政党に拠らない政治のあり方の模索、「政治の倫理化」運動、あるいはより一般化して、その時々の目的に見合ったプロジェクトを組織して仕事を進めるという彼の基本的な物事への処し方が、かなり抽象的、一般的ではあるが、この『官僚政治』の「序」や「官僚政治を論じる」、さらに「永井柳太郎君に答う」で展開される議論の中に暗示されている。

後藤新平の生涯を前期・後期に二分するならば、『官僚政治』の刊行は、まさに後期への転回を画しており、総理大臣をも嘱望されていた後藤が、世間に対して自らの仕事への姿勢をアピールしたものであったと言えよう。

『官僚政治』と相前後する一九一〇年代前半に後藤が刊行したものには、政党や官僚についてのものが比較的多く含まれる。(3) それだけこの時期の後藤は、近代国家とその組織の運営のあり方に実践的関心を強めていたということができる。しかし、それらの著作のなかでも、鶴見祐輔による『正伝・後藤新平』において、ページを割いて言及されているものは『官僚政治』を措いて他にはない。(4) 後藤没後、『正伝』刊行のために資料を収集・整理した伝記編纂委員会のメンバーにも、同書の重要性が明確に伝わったからにちがいない。

おわりに

後藤と比較的近い位置にあった永井柳太郎でさえも疑ったように、なぜ後藤がこのとき「官僚政治」批判の本を出したのか、その真意は翻訳書だけでは伝わらなかった。後藤が世に提示するものは、政策の建言であれ著作であれ、しばしばその思考の結論部分だけであり、結論に至る過程が省略されている。これはしばしば見られる後藤の欠点であり、後藤への真の理解を妨げた要因のひとつである。

しかしこの『官僚政治』刊行をめぐっては、幸いにも、永井柳太郎の批判を受けたことで、後藤は自分の考えを説明する機会を得た。それによって後世の我々は、後藤の真意をたどり寄せることができる。本解説で紹介した「永井柳太郎君に答う」は、彼の思考の柔軟性と論理性、そして「翻訳」をめぐる戦略性がはっきり示されているという点で重要な意味をもつものである。(5)

「官僚政治」批判は、過去と現状に対する批判にとどまりがちなものである。しかし、『官僚政治』刊行を通じて後藤が示したのは、「官僚政治」批判にとどまらず、「官僚政治」の内に踏みとどまりつつ「官僚政治」を打破せねばならぬという、未来への展望であった。そしてそれは、以後の後藤新平の仕事において骨太に貫かれるものとなる。後藤による『官僚政治』刊行は、現代にも通じる「官僚政治」批判と相俟って、後藤自身の現実政治家としての転回点という意味をもつことを理解してこそ、初めてその今日的意義を十全に受け止めることができるのである。

注

（1）雑誌『新日本』と永井柳太郎、後藤新平との関係については、内海孝「堤康次郎と後藤新平――一九一〇年代の交流関係をめぐって」（『後藤新平の会会報』第三号、二〇〇七年六月）に詳しい。尚、資料をご提供いただいた内海氏には記して感謝したい。

（2）ここで挙げられた二冊のうち、『政党政策と道徳』は、実際に一九一六年に後藤新平訳で通読大学会から出版された。後者は未確認だが、同じくロベルト・ミッヒェルス（**Robert Michels**）著の『政党社会学』を後藤が訳出させた（一九一三年、大日本文明協会刊）ことを森孝三が後年語っている（森孝三「伯と読書」、『吾等の知れる後藤新平伯』東洋協会、一九二九年）。

（3）御厨貴編『後藤新平大全』（『正伝・後藤新平』別巻、二〇〇七年、藤原書店）所収、「後藤新平の全著作・関連文献一覧」を参照。

（4）鶴見祐輔著、一海知義校訂『〈決定版〉正伝・後藤新平』第三巻、第二章1―二「訳書『官僚政治』の出版」、参照。

（5）もっとも永井はさらに次の号の『新日本』第二巻第四号（明治四十五年四月）に、「後藤男爵の答弁を読む」と題して再反論を試みている。この再反論における永井の主張は「男爵にして尚飽くまで官僚政治の必要を認めらるるとせば、先ず官僚政治の弁護論を公刊し、かの欧米政治家のなすが如く、自己の主張の存する所を天下に公示すべきにあらずや」の一点にあった。つまり「官僚政治」批判の翻訳書から「官僚政治」必要論を導く後藤のやり方はおかしいという疑問につきる。しかしすでに解説したように、そうした反論は、後藤にとっては織りこみずみであった。確かに説明不足の感は免れえないかもしれぬ。しかし「官僚政治」

の担い手だからこそ、これからの自らの現実との対峙の中に、「官僚政治」によって「官僚政治」をのりこえる機微を示したいとの、後藤流の信念の発露であったことはまちがいない。

●みくりや・たかし
一九五一年生。東京大学教授（政治学）、東京都立大名誉教授。著書『政策の総合と権力』（東京大学出版会、サントリー学芸賞）『馬場恒吾の面目』（中央公論社、吉野作造賞）『天皇と政治』『明治国家をつくる』（藤原書店）他。

I　後藤新平のことば

私はいわゆる官僚政治を、官庁、会社、政党、その他の団体における執務方法を指す意味でいう。

組織的、統一的機関が成立するところには、すなわちビューロクラシーが発現する。

ビューロクラシーにその弊害があるとすれば、単にいわゆる官僚政治を正すだけではすまないのではないか。国民は各々その利害善悪を有する組織機関に対して、つぶさにいわゆるビューロクラシーの得失を検討しなければならない。

官僚政治の普通の特徴は、官吏が盲目的に模型を遵奉《じゅんぽう》することにある。しかも官吏自身は誤ってこれを熟練と思い込み、ひそかに得意がるようである。

官僚政治の弊として、立法の基準を一般人民の上に置かず、秀逸な人物だけを基準として法律を産出する傾向がある。そして可憐な民衆に対して言う。お前たちは法律を得たが、これを理解しようと徒労してはならない。思うに、法律の奥深い秘密は、とうていこれを体得することはできないと。

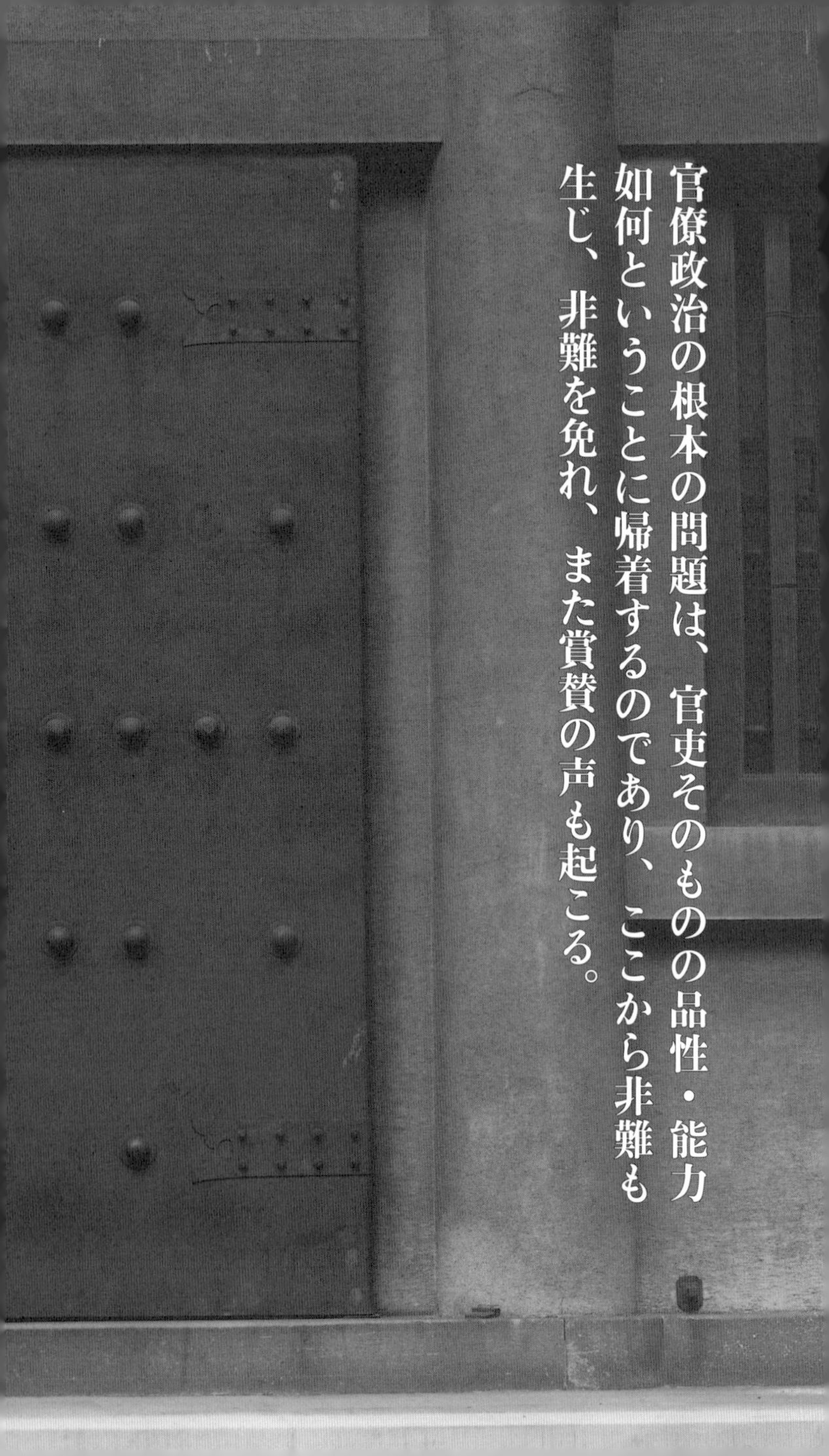

官僚政治の根本の問題は、官吏そのものの品性・能力如何ということに帰着するのであり、ここから非難も生じ、非難を免れ、また賞賛の声も起こる。

官吏は、当然、自ら人民の中に赴かねばならない。人民を官庁に出頭させ、長い間待たせた後ようやく引見することが、最大の恩恵を施すかのように考えてはならない。

官僚政治の弊害を認め、あわせて心から人類の幸福を企図すべき任務を有するものは、国家、社会、識者、新聞および学問であって、これらが率先して官僚政治の撲滅に努力すべきである。

官僚者流の権力濫用に対する有力な防御の武器は、人民自らが結社して自由な組合的生活をすることにある。すなわち、自由な政治的および経済的結合は、人民の権利に対する官僚者流の暴行を絶ち、かつ官府の冷淡、酷薄な態度を撲滅する上で、屈強な手段である。

Ⅱ　後藤新平「官僚政治」を読む

新しい思想を求めよ、良い旧慣をなおざりにせず。

後藤新平

後藤新平の官僚政治

五十嵐敬喜

●いがらし・たかよし
一九四四年生。法政大学法学部教授。六八年弁護士登録。専攻は都市政策、公共事業論。不当な建築に対する住民運動に協力。神奈川県真鶴町の「美の条例」制定（九三年）に尽力。著書に『美しい都市をつくる権利』『美しい都市と祈り』（ともに学芸出版社）等。

目下、日本では政権交代が政治上の最大のテーマとなっている。戦後日本で自民党の長期政権が続いたのはなぜかと問われれば、そこには政党というよりも「官僚」が存在していたからと答えるのが政治学上の常識であろう。すなわち日本では政党あるいは政治家などというものより先に官僚が存在し、強固なシステムを作っていて、それが政治を動かしてきたのである。日本の官僚は優秀であり、清廉潔白、国民に忠実に誠実に働く、そのため政治家に少々のことがあっても国が大きく崩れることはない、と国民が信じ込んできた。雑駁だが、これが長年の一党支配が続いた理由であろう。しかし近年になって、この官僚制にも陰りが見えてきている。

日本の官僚の優秀さは、実は外国に追いつけ追い越せという時代のものであり、先進諸国と経済的に肩を並べるようになると、その後の知恵は浮かばない。清廉潔白は建前だけで、ウラでは談合の片棒を担いだり、何よりも天下りで信じられないような高額の金を稼いでいる。国民の利益よりも自分達の出世、自己保全だけを考えている。そして最悪なのは年金、公共事業、かんぽの宿等々、あまりにも理不尽な不祥事を起こしながら、誰も責任をとろうとしないということだ。官僚制の劣化。これが誰の眼にも明らかになり、これを正せるのか否かが、政権交代の最大のテーマになろうとしているのである。だが政権交代ができたとしても、官僚なしに政治運営ができるのか。この問いには誰も答えられない。

この難問に対し、「大正時代」にすでにある程度明確な回答を与えていた人物がいた。それが後藤新平である。それはほぼ一〇〇年前の論ながら、今日の政治まで見通したかのような卓見である。

一　後藤新平の仕事

後藤新平はよく言われるように、生前たくさんの仕事をした。行政官（台湾総督府民政長官、満鉄総裁、逓信大臣、内務大臣、外務大臣、東京市長、帝都復興院総裁等）としてだけでなく、貴族院議員（あるいは内務大臣時代に旧都市計画法の制定）として立法に、そしてまさに被告人として裁判・司法（相馬事件、後に無罪）にも関与した。つまり明治憲法の三権のすべてを体験した人物であり、それだけでも一種のヒーローである。それだけでなく、少年団（ボーイスカウト）日本連盟初代総裁、東京放送局（現在のＮＨＫ）初代総裁、拓殖大学学長として、今で言うボランティア、情報、学界にも関与しているのをみると、日本の歴史上ほとんど例を見ない、いわばオールマイティの人間だということができるだろう。

彼は、周知の通り台湾の民政長官や満鉄総裁として、あるいは関東大震災後の帝都復興計画など、「大プロジェクト」を計画し実践した人として知られているが、彼の人生のすべてを通奏底音のように拘束し続けてきたものがあったようにみえる。結論だけ言えば、その一は天皇が統治権を総攬する立憲君主主義を最善のものとしていたこと、二は天皇を頂点とする国家とはいわば生物のような一つの有機体であって、その一部でも故障があってはならない（この考え方は彼が医者であったことによる）こと、そして三はこの有機体の部分部分を構成する各組織は、いつも官僚主義と自治という物差しによって診断されていなければならないと見ていたということである。このような有機体を構成する各組織が生き生きとしていなければプロジェクトがうまくいかないことはもちろん、社会ひいては国家自身も衰退する、というのが彼の診立てなのである。明治末期から大正という彼が活躍した時代背景、及びその中で官僚主義と自治という近代民主主義社会の根本的かつ本質的な物差しを持っていたということが、彼のようなオールマイティ人間を造形した、多分もっとも大きな要因である。

二 官僚制についての後藤の問題意識

以上の三点はまさに有機体のように相互に関連しているのであるが、「自治」についてはすでに『シリーズ後藤新平とは何か 自治』(藤原書店)で詳しく解析されているので、ここでは官僚制についてみてみる。後藤は官僚制について大きく二つの論を残している。一つは彼自身の作品で、タイトルもずばり「官僚政治を論ず」(『新日本』第二巻第五号、一九一二年五月一日発行。本書に「官僚政治を論じる」として所収)であり、もう一つは台湾総督府時代(一九〇三年ごろ)に読んだオーストリア人ヨゼフ・オルツェウスキーの『官僚政治』の翻訳(森孝三が訳したものを後藤の名で発刊。冨山房、一九一一年。本書に抄録)である。なお、前者は後者の出版直後に執筆された。

後藤はまず官僚制について、「いわゆる官僚政治（…）この語はまた一方には、各自の利益だけを図って、人民または社員の不利益をも顧みず、また国民全体の損害をも顧みず、大きな勢力によって煩雑な手続あるいは杓子定規に傾き、あるいは緩慢で事務の敏活を欠くものを意味する流行語《シュラーグ・ヴォールト》として、批評的に用いられる場合も少なくない」という。これはオルツェウスキーの著書が明確に官僚制の弊害として指摘したもので、行政官として仕事をしていた後藤も日常的に実感していたのではないか。ただ、オルツェウスキーは官僚政治としてほとんど「行政」の内部を分析しているのに対し、後藤は先ほどの国家有機体論の帰結として、「会社、政党その他すべての組織」を対象としているところに特色がある。

行政だけでなく、組織はまさに近代社会にとって生命の機関として不可欠なものであり、組織あるところ必ず「官僚主義」が存在する、というのが後藤の立場であり、従ってその組織の必要性を認める以上、「官僚政治そのものは、必要である。なんとなればそれなくしては事務ができない。官僚は組織・機関の一種の機械として文明的に事務を処理するものである」というのは当然であろう。後藤が、官僚政治を攻撃し排除を主張する政党、新聞社に対して、その内部もまさにこの「ビューロクラシーが支配し」ていると反論したのは、その稚気を含めて、面目躍如といったところであろう。

その後藤がそもそもオルツェウスキーの本をなぜ出版したかというと、「私は、社会的疾患の治療のために、かの『官僚政治』を訳出し、これを発刊して、公益上その弊を断ち害を除き、なるべく健全なビューロクラシーの発達を企図しようとした」。「官僚政治主義を論難することはきわめて容易だが、その官僚政治が行われる団体組織の内部の事情に通じて、具体的にその改善の方法を指摘する人は、古今内外ともに甚だ少ない」といいたかったのである。煎じ詰めていえば、後藤の「官僚政治を論ず」は現在の官僚バッシングとは異なって、官僚弁護論だということに注目しておきたい。それでは後藤が示唆を受けたオルツェウスキーの論とはどのようなものか。

ここには驚くべきことに、今から「一〇〇年」前の出版でありながら、ほぼ現在の日本の官僚制にそのまま該当する「特質」がすべて活写されていた。これをみた後藤の驚愕、そして共感は容易に想像できる。後藤は同書に「日本」

をみたのである。紙幅の関係でその全貌を示すことはできないが、同書の要点を紹介しておきたい。読者も、これはまさしく現代日本だと納得するであろう。

同書は、「第一章　官僚政治とは何か」から始まる。官僚政治とは端的に「官吏がその卓上より社会を見下ろして政治を行う」ことである。「見下ろす」とはどういうことか。「第二章　官僚政治の特徴」では、「官僚の専横、官僚の先例古格へのこだわりと権力伸張への腐心」などをその特徴としてあげている。「官庁の繁文狂、官庁の過度な監督癖、官僚の傲慢な命令口調、狭量」なども誰もが納得するだろう。そして何ゆえこのような官僚が生まれるかについてオルツェウスキーは、「官僚政治と法学教育、学んだ学問と実社会との背反」などを指摘した。明治期以来の日本の東大法学部を頂点とする官僚養成システムはまさにこのようなものであった。

オルツェウスキーはさらに筆を進め、徐々に官僚内部の特質に入っていく。冒頭に見た現代日本のさまざまな官僚スキャンダルが絶えず外部から発覚し（最近は内部告発もある）、これに対して当の官僚はなんら内部からの改革案を提示し得ないまま、道路公団、社会保険庁のようになし崩し的に解体されていくのもこの特質に起因している。「官吏は政治的意見を自由に述べられるか、官吏黙秘の義務、秘密は官吏の口から漏れる、秘密の考査表と選挙における官庁の秘密行動、服従の義務、俸給」と続く。

さらに官僚の弊害は経済にも及ぶ。たとえば官営鉄道の弊害等々、これらは一〇〇年たった日本でも国鉄や道路公団が民営化されたように、ずばり的中している。なかでも官僚主義が最悪の状態に陥るのは中央集権主義であり、これは「およそ権力によって行う要務を総て一点に集中しようとするものであるから、事の巨細《こさい》を問わず、政府の手に属する案件は、一方向に流れて中央官庁に奔注し、事務の堆積とともに官吏はその処理に忙殺され、その結果やがて公共生活の要素を損傷するようになる」のである。日本でも中央集権は地方分権後の今日でも変わらない。

それでは対策はないか。官僚を規制するための法律は、「立法者の眼中に民衆はない」。これを審議する議会は、「議会に周密な審議の余裕はない」。このような人材を根本的に治療するための教育は、「教育制度は官僚政治の典型」である。つまり内部からの改革はほとんど期待できないのである。そこでオルツェウスキーは「人民は官僚の跳梁《ちょうりょう》を憎む」として、「人権を守るものとしての弁護士、社会の公器としての新聞、科学的研究による疾患の発見とその処方箋を考えるべき学者」に期待し、そして最後に人民に対して「自由結社の自治」をアピールしたのである。

後藤はこのオルツェウスキーの論に痛く感動した。後藤が活躍した明治後期から大正にかけての日本もまさにこのような官僚主義に毒されていた。後藤の大プロジェクトもこのようなシステムの中で何度も挫折しかかる。その中で、この官僚主義を是正する最終的な切り札こそ「自治」であると確信したのである。そして「元来、国家的生活以外に、個人的生活の処理までをも、ことごとく官治に委ねようとするようなことは、旧思想旧形式の政治であって、決して新しい思想、新しい形式の政治とは言えない。自ら治めるということは、ただ道徳上のみならず、政治上においても、最も必要な条件でなければならない。（中略）自治の極致は正義である」として自治運動に賭けていくのである。これをみると、後藤こそ日本ではまったく珍しい先駆的な「都市自治論者」という見方もあながち的外れとはいいにくい。時代背景をみれば、ほとんど革命家といってもよいくらい、近代民主政治を体現しているようにもみえる。しかし、実はこの後藤の論に本質的な制約を課しているもう一人の後藤がいた。それが後藤の「通奏底音」である。

三　後藤の限界

後藤が活躍した明治から大正にかけて、日本では後藤らエリートとはまったく別の角度から社会の改革を考える運動があった。普通選挙、言論集会結社の自由、男女平等、部落解放等々、いわゆる「大正デモクラシー」といわれる自由主義的、民主主義的な思潮である。それは大きくみれば、官僚制の弊害を説き、自治の興隆を唱える後藤の思想や運動ともどこかで共通していたはずである。しかし後藤には少なくとも表面的にはそれらとの交流はほとんど見られない。もっといえば、嫌悪していた気配すらある。

これは冒頭に見たように、後藤は自治を唱える一方で、ここでは詳しく説明することはできないが、天皇を頂点とする立憲君主制に全幅の信頼を寄せており、大正デモクラシーの主張には、いずれこの枠組みを超えて、政党政治を経て「議院内閣制」に踏み込む危険がある、と見えたのであろう。それゆえ官僚政治批判もそれに対する自治の主張も、あくまで天皇の統治の範囲内でなければならぬ、としたのである。

このようにして温存されてきた官僚制は、第二次世界大戦を挟み、その位置づけを一八〇度転換させられた。官僚はすべて天皇の吏員から国民の公僕となったのである。その意味で、後藤の生涯を規定した通奏低音は消失してしまったとみなければならない。にもかかわらず、日本の官僚は今や戦前をはるかにしのぐほどの大きな力を持つようになっている。それはなぜか、またこれをどうしたら良いかがまさに政権交代の最大のテーマとなっているのであり、官僚制とペアとなっていた「自治」の思想・運動は、今なお強調されて然るべきではないのか。近代組織と「官僚制あるいは自治」をどのように解くか。日本では果たして政権交代はこれに答えることができるであろうか。後藤の時代とは異なった位相において、宿題が提出され続けているのである。

故きを温ねて新しきを知る

尾崎　護

●おざき・まもる
一九三五年生。矢崎科学技術振興記念財団理事長。大蔵省（現財務省）入省、九二年大蔵事務次官。九四年国民金融公庫（九九年〜国民生活金融公庫）総裁。二〇〇二年早稲田大学法学博士号取得、著書に『経綸のとき』（文春文庫）『吉野作造と中国』（中央公論新社）等。

後藤新平の論文「官僚政治を論じる」とヨゼフ・オルツェウスキーの著書『官僚政治』は、いずれも初見であったが、一読して、かれこれ一世紀前の官僚論が今日の公務員論議に示唆を与えることの大きさに感嘆した。「故きを温ねて新しきを知る」とはまさにこのことかという感じである。それと同時に、なにしろ一世紀近い年月を経ているから、時代の変化について若干の前提を持って読まないと誤解を生じるおそれがあるという印象も否めない。

一 「官僚政治」という用語について

「官僚政治」という用語は近頃あまり耳にしないが、ビュロクラシーに官僚政治という訳を与えることには後藤も論文中でためらいを示している。

オルツェウスキーの著書はルヴフ（現在のリヴィウ。以下リヴィウという）で発行された。一九〇三年のことである。当時この地はオーストリア帝国の辺境であった。

第一次世界大戦をさかのぼる約一二〇年間、ウクライナは約八〇％の地域がロシア帝国に、約二〇％がオーストリア帝国に組み入れられていた。リヴィウが所在する地域は十八世紀末のポーランド分割によってオーストリア帝国に編入された。オーストリア帝国はこの地域一帯をハーリチア（英語名ガリシア）という州にした。ポーランド人、ウクライナ人、ロシア人、ユダヤ人など多様な民族が居住する地域だった。マリア・テレジアやヨーゼフ二世のような啓蒙君主の流れを汲むオーストリア帝国は、ロシア帝国と違って領民に対する締め付けが強くなく、リヴィウにはウクライナで最初の大学まで設置されている。そのような雰囲気も手伝ってか、ハーリチアは次第にナショナリズムの拠点となった。

一八四八年のフランス二月革命がきっかけとなって、オーストリア帝国の各地で民族の自治や独立を要求する運動が盛り上がった。オーストリア皇帝は民族主義を抑圧し続けてきた宰相メッテルニヒを解任し、農奴制の廃止などの改革を打ち出したが、帝国内の民族の目覚めは確実に進んだ。一八九〇年には近代ウクライナ史上ではじめてウクライナの統一・独立を掲げてウクライナ急進党が結成された。

オルツェウスキーの『官僚政治』の背後には、そのような政治的環境がある。

いきおい、オーストリア帝国の官僚政治を見るオルツェウスキーの目は厳しい。彼自身、オーストリア帝国の官僚としては、リヴィウで（はっきりしないがおそらく大学で）法律を学んだ経歴の持ち主でありながら、村役場の吏員にしかなれなかった。官職をあきらめて経済活動に移り、それなりの成功をおさめたが、民族主義に同調しオーストリア帝国に対して抵抗する姿勢を取り続けたようである。後にリヴィウ市議にもなっているが、第一次世界大戦終了の年一九一八年に健康上の理由から政治活動の第一線を退いた。第一次世界大戦戦後にウクライナは宿願の独立を果たしてウクライナ社会主義共和国となった。しかし、早くも一九二二年にはソ連邦に取り込まれてしまい、同じ年にオルツェウスキーはその生涯を閉じている。

以上のような背景のほかに、今日われわれ日本人が当然の制度と思っている三権分立という国家体制がまだできあがっていなかったことを忘れてはならない。司法の独立はある程度確保されていた。しかし、立法と行政はまだ未分化であった。ビュロクラシーに「官僚政治」という訳語が当てられていることが如実にそのことを示している。従って、本稿では、現代のビュロクラシーを表すのに、誤解を招きそうな「官僚政治」という訳語は避け、「官僚制」または「公務員制度」としたいと思う。

オルツェウスキーの時代、皇帝の官僚たちは立法と行政を一手に司《つかさど》っていた。議会や政治結社が存在しなかったわけではないが、国権の発動上の政治と行政はまだ未分化であり、官僚の力は今日と比較にならないほど絶大であった。今日の公務員制度論議では、政治家と官僚の職務分担のあり方に相当力点が置かれているが、オルツェウスキーの時代には両者は一体だったのである。

（注）ウクライナ史に関する部分は、黒川祐次著『物語ウクライナの歴史』（中公新書）を参考にした。

二　オルツェウスキーの『官僚政治』について

オルツェウスキーは『官僚政治』の第一章で「官吏は必ず政治を職業とし、（…）一般社会との間に堅固な城壁を築き、一種の階級的精神をもって傲然《ごうぜん》と割拠する。」と書いている。支配者であるオーストリア帝国の官僚と一般住民は乖離した存在だったのである。つまり、オルツェウスキーは現在の官僚制（全体の奉仕者としての公務員制度）とは異質の制度について論じていることになる。彼の官僚に対する痛烈な批判はまことに小気味よく、快哉を叫びたくなる部分もあるが、そのまま現代の公務員制度論議に持ち込むのは躊躇せざるを得ない。

同書の第七章には「われわれはいかにして官僚政治を撲滅すべきか」という刺激的な見出しが与えられている。しかし、そこで彼は決して国家や官僚制の存在を否認しているわけではない。フランス革命のような過激な変革でも官僚制を撲滅できず、「かえってその勢威《せいい》を逞《たくま》しく」したのが歴史的事実であると認めている。結局のところ彼が説くのは官僚制に伴う弊風の除去であって、官僚制そのものの否定ではないのだが、あまりの舌端の鋭さに、彼の改良主義的側面が陰に隠れてしまう。

第七章第一節「国家の任務」に列挙された官僚制についてのオルツェウスキーの指摘は現代の公務員にもぜひ一読してもらいたいと思う。「長官には気概ある適材を」、「官吏は人民の中へ赴くべきである」、「官吏の口調は明瞭に」、「冷淡無礼は人民を激昂させる」、「統御心を慎む」といった現代の公務員にもかみしめて貰いたい指摘がある。ただ、「繁文縟礼《はんぶんじょくれい》の廃止」の項には誤解があってはならない。オルツェウスキーはその例として上部官庁が下部官庁にやたらに統計の報告を求める無駄を挙げているが、確かに無駄な報告や規則の多発などは改善すべきだ。しかし、日本の現実ではずさんな公文書管理が問題とされている。オルツェウスキーも公文書は広く一般社会に公開すべきだと主張しているが、そのためにも記録と文書管理は公務員の大切な職務であることを忘れてはならない。

三　後藤新平の「官僚政治を論じる」について

後藤新平はオルツェウスキーを日本に紹介した当人であるが、彼の論文は官僚制のとらえ方がオルツェウスキーより肯定的である。後藤は官僚制を団体運営の近代的な組織的機関（今様に言えばシステムか）と認識し、大会社、政党、自治体、新聞社に至るまで、実は官僚制を採用しているではないかと指摘している。

後藤によれば、官僚制とは「分業的執務主義」であって、専門化が進む近代社会において業務を敏活かつ過失なく進めるための原則である。ただし、官僚制にはいろいろ弊害も伴うので、その弊害を指摘して改善を促す努力を忘れてはならないと指摘する。また、「官僚政治の根本の問題は、官吏そのものの品性・能力如何ということに帰着する」とも述べているが、オルツェウスキーが官僚に人材を集めるために十分な報酬を与えるよう主張しているのと共通する考えであろう。

後藤の論文は『官僚政治』に九年遅れて発表されたが、この間にヨーロッパでは官僚制研究が相当深められたように思う。後藤は論文の最後に「私と同意見である」説として、アルフレット・ウエーバーとアドルフ・ワグナーの所説を紹介しているが、これは要するに当時の最新の学説を後藤が承知していたということで、いかにも勉強家の後藤らしい。アルフレット・ウエーバーとは、名著『職業としての政治』で日本でもよく知られるマックス・ウエーバーの弟である。兄マックスの学説が日本に与えた影響は多大なものがあるが、マックスも官僚制が民間会社や宗教団体でも採用されていることを強調している。

後藤は官僚制を取り入れている組織体に属する者が官僚制を攻撃する姿を

「わが身の臭さ我知らず」という諺《ことわざ》の通りだと指摘し、また官僚制団体組織の内部事情に通じる人材が少ないことを嘆きながら、「たまたま官僚政治に多少の経験」のある者が官僚制を非難攻撃する例が見られるが、「多くはその落伍者であってみだりに不平を鳴らし」、内実を知らずに官僚批判をしている者たちに付和雷同して「一時の喝采をむさぼろうとするものである」と痛烈な指摘をしている。今日でも思い当たる節がありそうである。

気概のある官僚が必要

榊原英資

●さかきばら・えいすけ
一九四一年生。経済学者、早稲田大学教授。大蔵省（現財務省）入省後、大臣官房審議官（国際金融局担当）、国際金融局長、財務官を歴任。国際金融局長時代、外国為替への積極的な介入を行い、〝ミスター円〟と称された。著書に『政権交代』（文藝春秋）『日本は没落する』（朝日新聞出版）『大転換』（藤原書店）ほか多数。

一 「官僚化」は組織の効率的運用に不可欠

後藤新平の「官僚政治を論じる」は官僚システムを様々な角度から極めて客観的かつ明快に論じた好論文であるが、又、非常に現代的な意義のあるものでもある。というのは、官僚システムや「官僚政治」に対する理解が不充分であるという点でその当時も、現在もあまり変っておらず、それ故、的外れな批判が少なくないからである。特に、昨今は官僚バッシングが激しい。もちろん、官の側にも問題は少なくないのだが、何かにつけてテレビのキャスター等が行う感情的非難は、悪しき「官僚政治」を正す意味でも百害あって一利なしといえるのだろう。

後藤も論文の冒頭、「官僚政治」に関する議論が、官僚システムに関する正確な理解を欠いたものが多いと次のように述べている。「世間の官僚派あるいは非官僚派の立論を見てみると、彼らが官僚政治そのものをどのように解釈しているか、甚だはっきりしないようである。あるいは、官僚政治そのものを真に了解していないのではないか。甚だしい場合は、いわゆる官僚派が官僚の意義を明らかにせず、またいわゆる非官僚派にしてもこれと同様ではないかという疑いを免れない。(…)『官僚政治』の出版はその検討に大いに資するところがあると私は喜んでいる。私は、これに対して完全な識見を備えると自ら言うのではない。しかしながら、世間のこれに対する知識が甚だ幼稚であることにも、また驚かざるを得ない」

後藤は官僚、或いは官僚政治という訳語の問題が少なくないと指摘する。衆知のように、官僚はビューロクラット、官僚政治はビューロクラシー、又はビューロクラティズムの訳語であるが、少くともニュアンスとしてこの訳語は民に対する官という響きが強すぎる。後藤はビューロクラシーは「卓上論病」、あるいは「机上論病」と訳すべきだとしている。この訳なら、ビューロクラシーは官のみならず民にも、特に大組織の落ち入りがちな弊害としてより一般的に使えることになる。

評者の経験からも、この後藤の指摘は極めて適切のように思われる。現在の「官僚的」という言葉だが、いかにも「官」の色彩が強すぎる。あらゆる公的組織、なかんづく、霞ヶ関の大官庁等が「官僚的」であることは、自明の理であるという印象を与える。しかし、民間の大組織が官庁以上に「官僚的」だということは評者もしばしば見ているし、又、経験もしている。評者が属した大蔵省（現財務省）は必ずしもそれ程「官僚的」ではなかった。評者のように自由気儘に振舞って三四年も勤めることができただけでなく、局長・財務官とトップの要職を務めさせてもらった。官僚的な民間大組織であったら、三十代から四十代で子会社等に恐らく飛ばされていただろう。

大蔵省には自由闊達に議論をする、あるいは、すべきだという文化・伝統があった。若いうちから局長室で、場合によると仕事が終ったあとコップ酒等を飲みながら侃々諤々議論をしたこともしばしばあった。又、局議等でも課長が局長や次長に時々激しく反論したし、又、場合によると課長補佐が後ろから口をさしはさんだりもした。そのため、評者自身も下の人達を説得することに苦労をした時もあったが、そうした活発な部下は好きでもあった。

後藤は、又、官僚システムというものは大きな組織にあっては不可欠なもので、近代国家における専門化と分業を背景にするものだと次のように述べている。

「さらに他の言葉を用いて官僚政治を説明してみれば、官僚政治主義というものは、分業的執務主義のことである。すでに司法、行政と国家の事務が整然と分かれている以上は、どこの国においても、文明の政治としては免れることのできない専門分科があり、専門分科の各々が専らにする機械的作用を、敏活に過失なく進行させるために、官僚政治なるものがその方法であり原則なのである。

世に、官僚政治は官吏を増加させると主張し、文明の民主政治はこれに反して官吏を減少させると主張する人が少なくない。しかし、すでに司法、行政の分割によって、官吏は減少するどころかかえって増加するのは明らかな事柄である。この事実は、必ずしも官僚政治のためにそうなるのではなく、専門分業のために官吏が増加するものであるというのは、今さら言をまたない」

つまり、官僚化・官僚政治化は近代社会における分業化・専門化の当然の結果であって、そのポジティブな部分を明確に認識すべきだというのだ。これは、極めて妥当な論点であり、この意味で「官僚化」なしには現代の組織を効率的に運用することは不可能だといわざるをえない。

二　官僚政治の弊害を正す

もちろん、後藤は官僚政治の負の部分を意識していない訳ではない。

「ビューロクラシーは果たして不健全な現象であるのか。もしそうだとするならば、その弊害が及ぶのは、ただ官庁の行政機関にのみ止まらないではないか。大銀行もその弊害を受けるだろうし、大会社もその弊害を受けるであろうし、否、堂々たる大政党であっても、一定の統率者の下に一定の規律にしたがって行動する以上、その弊害を受けることがないとは言えまい」

「ここにおいて知られよう、利害関係を等しくする多数者がより集まって形成する組織機関においては、広く自他の利益を思うことなく一人の勢力を伸長させようとすれば、そこには、まのあたりにビューロクラシーの弊害を生じないわけにはいかないのである。すなわちビューロクラシーにその弊害があるとすれば、単にいわゆる官僚政治を正すだけではすまないのではないか。国民は各々その利害善悪を有する組織機関に対して、つぶさにいわゆるビューロクラシーの得失を検討しなければならない。したがって、ビューロクラシーの検討は、官民を論ぜず、かりそめにも真摯《しんし》に国家社会の公益を思う者ならば、一日も念頭を離れてはならない急要な一大問題ではないか」

つまり、官僚政治の必然を一方で認めながら、他方でその弊害を正していかなければなるまいというのである。後藤が監訳したオルツェウスキーの『官僚政治』はそのために何をなすべきかを論述しているが、以下、特に重要だと思われる点について若干述べてみよう。一つは十分な俸給と地位を官吏に与え、彼等が後顧の憂いなく公的な仕事を出来るようにすること。昨今、日本ではこの点についての批判がジャーナリズムに強いが、これは謙虚で勤勉な公務員をつくるための必要条件であろう。もちろん適切な教育や試験、国会等によるチェックが必要なことはいうまでもない。オルツェウスキーは、又、「中央集権は最も危険」だと指摘する。この点は、現在の日本、あるいはより長いパースペクティブで考えるならば明治以来の日本に当てはまることなのであろう。これは極めて現代的課題でもあるが、後藤も、又、このことを強く意識していたのであろう。

オルツェウスキーは、又、官庁のトップに「気概のある」有能な人物をあてる必要を強調する。

「彼らは、政治家、学者、あるいは深遠な学理的あるいは実際的知識を持つ非凡な人物でなければならない」

今の日本にもぴったり当てはまる命題であろう。無能かつ気概を欠いたリーダーでは日本は没落せざるをえない。

●ますだ・ひろや
一九五一年生。株式会社野村総合研究所顧問。前総務大臣、前岩手県知事。七七年建設省入省。千葉県警、茨城県の課長を歴任。九四年建設省退官。九五年より〇七年まで岩手県知事（三期）。〇七年より〇八年まで総務大臣。〇九年四月より現職。

「未熟官僚政治」

増田寛也

一　現実主義と理想主義

後藤新平が人材登用に実に大胆かつ柔軟だったことは広く知られている。台湾の民政長官当時、大量の法律職事務官を解任し、土木、建築、農業の専門家と入れ替えた。新渡戸稲造を迎え入れて糖業の近代化を実現し台湾経済の発展に大きく寄与したのを手始めに、満鉄総裁や東京市長在職時など行く先々で多くの人材を登用して成果をあげている。帝大出のエリートが藩閥と結びついていた時代にあって、学歴や出身にこだわらず能力があれば直ちにそれを登用するという彼のリーダーシップは、後藤が東北の下級武士のせがれでありながら才能を見出されて育てられたという自身の経歴と無縁のものではないだろう。

もう一つの行政官としての後藤の特徴は、徹底した調査活動からすべてスタートしたということである。同じく台湾の民政長官に赴任するや最初に「旧慣調査」を行ってその上で有効な政策を立案した。日本から台湾にいきなり日本の法律制度をそのまま持ち込んで地元に当てはめることはせず、まず現実社会の姿を科学的な目で冷静に調査することから始めた。このような彼の態度は若き日の医師としての経験や、その後衛生に着目し、内務省衛生局長を務めたことに起因しているのかもしれない。上からの一律の押しつけではなく台湾の特別な事情を汲んで物事を進めていく現実的なやり方に彼の現実主義者としての一面を見る。

他方で、後に満鉄内部の最重要部門として調査部を設置し、人材を配して綿密な調査活動を実施した上で旧満州という広大な大地に彼の理想の都市を思い切ってデザインする。こうした彼の姿に理想主義者としての側面も見出すのである。

二　政党と官僚制との衝突

行政官としての後藤は人物としてのスケールの大きさと壮大な構想力を遺憾無く発揮して本当に輝いていた。強いリーダーシップで部下を牽引した。

しかしすべてが成功裡に終ったわけではない。東京市長時代の東京大改造構想（いわゆる八億円計画）や帝都復興院総裁時代の震災復興計画（約四〇億円計画）は、結局予算の大幅な削減などにあっていずれも未完のままで終わる。

彼の前にたちはだかったのは官僚政治（ビューロクラシー）と政党である。

明治政府の草創期には、人材登用などにみられるいわゆる後藤流のやり方を受容する余地が政府にはあった。その後政党が次第に力を持ち始めると、明治の元勲のなかには、政党を嫌い軍部や官僚制のなかに勢力を蓄える者と、政党の力を最大限に利用しようとする者が出てきた。政党内閣の基盤にあるのは官僚制であり、いずれにせよ官僚の影響力は政治上も著しく高まった。

そして、官僚制に内在する形式主義は後藤の壮大な発想とは相容れない。むしろなんとかして打消しにかかる。こうした場合、両者の衝突を解決するのは世論であり、世間がどちらを支持するかが決め手になるが、世論形成に大きな影響を与える新聞も「後藤の大風呂敷」と揶揄するのである。

政党に対しては後藤は一貫して厳しい視線を送っている。現実の政党は情実に支配される集団であってそれは党弊をもたらす存在と考えた。政党政治を否定する立場から政友会と憲政会のいずれも敵にまわしてしまった彼は、後に「政治の倫理化」運動を主導し、政党による政治腐敗の批判と国民一人ひとりの自覚を説くのである。

三　後藤新平の官僚政治観

ところで後藤の官僚政治観とはいかなるものか。

「近代的大団体として成立したもの、すなわち官庁といわず、銀行といわず、また会社といわず、個人商店といわず、（…）成立の根底には、実に官僚政治主義があるということを私は断言する」と官民を問わず組織を統治する上で官僚機構が有効であると認めている。その上で「官僚政治そのものには、もとより、いささかの欠点のないことを期するのはむずかしいし、今日改善すべきところが多々あることは認める」けれども、「官僚的な執務方法が杓子定規であって煩雑に堪えないと唱えるものは、多くは未だ大経営の内部執務の技術の観念を持たない人士が、好んで異説を唱え好んで非難を加えるに過ぎない」と言うのである。したがって「社会が進歩し複雑となるにしたがって、ますます官僚政治は欠くべからざること、またその改善の必要であることは、少しも疑う余地がない」と結論づける。組織のガバナンスを意識し、トップを経験した立場で実に急所を衝いた指摘をしている。だからこそ、政党や新聞社に対して「官僚政治そのものは、ある政党員あるいは政党は、主として攻撃し排除するものとし、ある新聞社は、日々紙上に官僚政治攻撃の文を草し、あるいは出でてその意見を演説しつつあるにもかかわらず、その政党あるいは新聞社の内部にあっては、ますますビューロクラシーが支配し、否、ただ支配するだけでなく、ビューロクラシーの最も甚だしい弊害に陥っている」と喝破するのである。

特に後藤と同郷で同時代を共に生き抜いた原敬率いる政友会に対しては、「政友会でも、実際、未熟官僚政党たることを免れない。かの板垣伯、大隈伯の自由党・改進党時代よりは進歩していることは何人も異議がないが、このように未熟官僚政治であることを免れがたいにもかかわらず、その党員は、官僚政治の外に超然としていると考え、得意な態度をとるのは甚だしい誤謬ではあるまいか」と実に手厳しい。

社会が複雑化する中で組織をいかに有効に統治しその持てる機能を最大限に発揮させるかは、官民を問わず、古今東西常に難問である。政府部内の統治構造は言うに及ばず、企業統治にしても多くの方法論が提起されてきた。後藤は「官僚政治主義」を「分業的執務主義」と説明し、日々の「改善」努力によって「未熟官僚政治」の欠点を修正することにより、世の中の「社会的疾患の治療」の任に当たらしめるのを適当としたのである。

四　現代に生かすべき「後藤流」

後藤が指摘した「未熟官僚政治」の弊害は現在随所で益々深まっている。一例として、中央省庁の官僚制はどうか。多くの官僚が日々与野党の政治家の下に「御説明」と称して通い、自分達の都合の良い解釈を押し付けている。議院内閣制ではなく官僚内閣制と言われる戦後の独特の政府・与党二元体制の下で、政官関係は極度に癒着し、政治家間の政治的調整を行う「政治的官僚」、族議員に見られる「行政的政治家」を大量に生み出した。政治家が大きく官僚に依存する構造の中で、数々の危機に直面しても官僚的発想の限界故に国家は大胆な根源的解決案を示せない。民間セクターである企業にも同様の病理現象が見られる。ここに及んで今一番になすべきは、国家のリーダーが優れた構想力によって大きなビジョンを国民に示し、実現化を図ることではないか。

M・ウェーバーは『職業としての政治』の中で政治家の資質として情熱、責任感、判断力をあげる。「政治とは情熱と判断力の二つを駆使しながら、堅い板に力をこめてじわっじわっと穴をくり貫いていく作業である」とする。これに後藤の持つ希有の構想力（洞察力）をぜひ加えたい。

では国民の側はいかにすべきか。改めて後藤の「自治三訣」、「人のお世話にならぬよう　人のお世話をするよう　そしてむくいをもとめぬよう」に思いがいたる。大きな国家ビジョンの実現は他人事では済まない。それぞれが自分の責任と役割を十分果たすことが求められる。グローバル化によりわが国だけの努力によって国家的課題の解決を図れないほど時代が困難さを増している現在、国民それぞれが、まず自らの足元において自らを律する態度、まさに「自治三訣」を身につけるべきである。

近代日本をデザインした男と呼ばれる後藤新平。その「後藤流」を現代にこそ生かすべきと思う。

Ⅲ　官僚政治

後藤新平

編集部付記

一　底本の表記は現代仮名遣い、常用漢字体に改めた。書籍名は『　』で示した。

一　読み易さを考慮して、原文にない改行やルビ、読点を付加し、小見出しや書誌情報を加えた。

一　原文で理解が難しい事項には、編集部による注を施し、★、★★……または（1）（2）……で示した。編集部の補注は〔　〕で示し、原文の（　）はそのままとした。

一　今日では適切でない表現は、現代に即した適当な表現に変えた。

一　論旨と関係のない、時代にそぐわない箇所は省略した。

官僚政治を論じる

（一九一二年）

一　官僚政治に対するさまざまな考え方

本問題を論じることとは、学者の任であって、私のもっとも短所とするところである。けれども、僧侶あるいは伝教師が、必ずしも宗教の真髄を得ているとは言えない。俗人の中にも、その宗教の実相を会得するものが無きにしもあらずで、一方より見れば、千慮の一失を補うのに、千慮の一得を以ってすることもある。必ずしも賢者が常に賢であって愚者が常に愚であると言うことはできない。ゆえにあるいは学に通じた人からの非難を免れないかもしれないが、しばらく私という俗人の所見を述べよう。

諸外国での解釈の違い

近来わが国で、官僚政治という言葉が盛んに言われる。この言葉は、最初は藩閥あるいは軍政を意味するようであったが、近来用いられているものは、外国語のビューロクラシー、あるいはビューロクラシスムスの語を「官僚政治」と翻訳するところから来たものと察せられる。このように官僚という名称は外国語の翻訳から来たために、また各国において用いられるビューロクラシーという語の意義に、多少の相違があるため、各々転用上異なった意義を表すことを免れない。たとえば、英国においては、ビューロクラシーという語は、繁文縟礼その他形式に過ぎるような、忌むべき政治を主として表しており、またドイツおよびその他の国においては、主として一長官の下に一定の組織機関を有し、多数の属僚を率いて整然と事務を処理するという意義を表す。こういう風に、同一の語であるが、その用いる国によってそれぞれ差異がある。しかしながら、これらの点について詳しく議論を試みることは、もとより私の本分ではなく、また本旨とするものでもない。私はただ、官僚政治の原語にもこのような差異があることを一言しておくだけに止める。

官僚政治を真に了解していない

世間の官僚派あるいは非官僚派の立論を見てみると、彼らが官僚政治そのものをどのように解釈しているか、甚だはっきりしないようである。あるいは、官僚政治そのものを真に了解していないのではないか。甚だしい場合は、いわゆる官僚派が官僚の意義を明らかにせず、またいわゆる非官僚派にしてもこれと同様ではないかという疑いを免れない。なぜならば、『官僚政治』の出版後、これに対する批評あるいは議論に照らして見ても、この事実は明らかで、現在のように官僚・非官僚の説が盛んに行われる時に、『官僚政治』の出版はその検討に大いに資するところがあると私は喜んでいる。私は、これに対して完全な識見を備えると自ら言うのではない。しかしながら、世間のこれに対する知識が甚だ幼稚であることにも、また驚かざるを得ない。これより進んで本論に入るのに先立ち、なお一言すべきは、官僚政治という訳語のことである。

二　官僚政治という訳語について

官僚政治と訳した理由

そもそも官僚政治という訳語が穏当であるかどうかは、私が最初から疑っていた。けれども、世間に行われる官僚という語は、大部分はビューロクラシーを翻訳した意義を持つことを認めるから、なまじ他に新しい訳語を採用するよりも、そして学者として一見識を開くことが主眼でもないから、俗にしたがって世間慣用の訳語を採用したに過ぎない。

ビューロクラシーなり、ビューロクラシスムスなり、語源学上のことは、ここでは主な問題ではないが、順序として、一言このビューロクラシーあるいはビューロクラシスムスの語源に触れざるを得ない。その語源から言えば、むしろ官僚政治と訳すよりも、卓上論病あるいは机上論病と訳すほうがいいのではと、かの『官僚政治』の翻訳の際に、いろいろ検討を重ねたのであるが、この世間の慣用にしたがって官僚政治とする方が、かえって理解に便があろうと、このような訳字を下したのである。私は、もとよりビューロクラシスムスは、官僚政治流あるいは官僚政治病という意味にならないかと考えたのである。

語源の意味するもの

このビューロクラシスムスという語は、ビューローおよびクラシーという二つの語と、イスムスという語尾から成っている。そしてビューローという語は、もとフランス語のビュールというテーブル掛けの名から分かれてきて、ついに事務室または官庁役員およびその執務方法を意味するようになった。そして、クラシーという語は、支配の意味を持っている。その語尾のイスムスは、大変説明に苦しむもので、多くの学者に尋ねてみたが、ただこの語は、事物を総括して一定の主義を抽象的に表示する場合に用いる語尾であると言うに過ぎない。ラテン語の「イス」という現状を示す動詞と「ムス」という名詞の語尾に用いられる語とから来たのである。この語は、ラテン語にも、ギリシャ語にも、語源として認められるもので、イスムスあるいはイスモス、アスムスあるいはアスモスという用語の跡があると聞く。

たとえば、色素欠乏病というのは、アルビニズムスといい、これに類する病的意味を含んでいるものが少なくない。また何らそのような病的意味を含まず、この語を用いるものもまた聞かないではない。モニスムスというのは、一元論という意義であって、哲学上、宇宙一切の事物をすべて一つの原因から説明しようとする一元説を意味する。これはみな人の知るところである。しかし、すでにこの一元説という一定の意義とか主義とかを、抽象的に総括して表示する場合には、ややもすれば、中庸健全の美を失って、偏り凝り固まった考えという意味を帯びるのではと察せられる。

また他に例を挙げれば、アグラリスムスということは（農業主義と訳す）、商工業の利害を顧みず、農業上の利益を優先しようとする経済学上の見解を示したものであって、これまた偏った確執を意味するきらいがあると察せられる。したがって、私はこのイスムスという語によって、すでに一定の主義を抽象的に総括する場合、一種の確執を生ずるきらいがあると推察する。ゆえに、ビューロクラシスムスすなわち官僚政治と私が訳したのは、官僚政治の病あるいは確執的な弊害を意味すると考えられるのである。

三　官僚政治の意義と弊害をめぐって

世にカタマリ法華(1)ということがある。カタマリ法華コゲクサイということもある。宗教にせよ、またその他の学理にせよ、一定の主義を抽象的に示すに当り、またその主義や宗教を信仰することがますます深く固くなる場合には、必ずこの一定不動の意義がなければならない。これはあながち排斥すべき事柄ではない。ゆえに、カタマリ法華は宜しいが、コゲクサイ臭気を出さないようにしなければならないと思う。

執務機械であるが弊害も多い

この間の経緯をよく理解すれば、今日のように、ビューロクラシスムスが、官庁といわず、会社といわず、政党といわず、すべての人生生活の組織的機関の部分に蔓延して、欠くべからざる執務の法則とともに拡がった場合には、健全な官僚政治の発達が必要であると私は信ずる。ここで、私はいわゆる官僚政治を、官庁、会社、政党、その他の団体における執務方法を指す意味でいう。この語はまた一方には、各自の利益だけを図って、人民または社員の不利益をも顧みず、また国民全体の損害をも顧みず、大きな勢力によって煩雑な手続あるいは杓子定規に傾き、あるいは緩慢で事務の敏活を欠くものを意味する流行語《シュラーグ・ヴォールト》として、批評的に用いられる場合も少なくない。今の官僚政治を非難する人は、このような意味で非難するのである。

この非難はもとより当然で、官庁、会社、政党、その他の団体に対しても、このような弊害を除去しようと希望するのであれば、私も同感の意を表する。けれども、官僚政治そのものは、まったく執務方法に対する最近の専門的また文明的機関あるいは機械であることは、争われない事実である。なぜならば、官僚政治に反対した自治機関――この自治機関というものは、民主政を意味するものであるにもかかわらず、日本だけでなく自治が行われる各国において、近来名誉職にその事務を取扱わせることで甚だ不都合な結果を招き、人民の不利益をもたらし損害を引き起こすことが少なくないことが明らかになってきた。それぞれの国は、事務執行に当たり煩雑な手続を避けられないだけでなく、かえってごたごたを生じ、敏捷に事務を処理せず緩慢にわたる恐れを知り、有給の自治体職員、ことに市長村長を置かざるを得ないようになってきた。

言うまでもなく、その部下に属する職務を執るものは、もちろん官僚的機関に頼らざるを得ない。大会社や政党においても、また同様である。近来、社会民主党すなわちソーシャル・デモクラシーの党務を執る有様を見ると、平生、このビューロクラシーすなわち官僚政治を非難しているにもかかわらず、官僚的機関に頼らざるを得ない。官僚政治の不健全な病的模範を社会民主党の党務に見るようになったのは、すでに識者が一般に認めるところである。

批判する側も弊に陥っている

ゆえに、官僚政治そのものは、ある政党員あるいは政党は、主として攻撃し排除するものとし、ある新聞社は、日々紙上に官僚政治攻撃の文を草し、あるいは出でてその意見を演説しつつあるにもかかわらず、その政党あるいは新聞社の内部にあっては、ますますビューロクラシーが支配し、否、ただ支配するだけでなく、ビューロクラシーの最も甚だしい弊害に陥っている。しかもその弊害を助長するまでに至っているのではないか。これは日本だけでなく、外国においてもまた同様であると、私が深く信ずるところである。

ゆえに、世の中に、わが身の臭さ我知らずという諺のように、ビューロクラシーを攻撃しているものが、自ら官僚政治の弊害に陥るような論をなし、また事を行い、このような事を行う方法を講じつつあるということが少なくない。現にわが議院において、従来、立法上の議事に議員が官僚政治の弊害から脱することができないという例が少なくない。私は、社会的疾患の治療のために、かの『官僚政治』を訳出し、これを発刊して、公益上その弊を断ち害を除き、なるべく健全なビューロクラシーの発達を企図しようとしたのである。

弊害は官吏だけにあるのではない

ところが、世間には、このビューロクラシーの弊害は官吏だけにあって、その他には無いもののように考え、官吏よりさらに甚だしいビューロクラシーの弊害が、政党・社会等の各部に存在していることを知らないと思わざるを得ない事実が多いのは、私の甚だ遺憾とするところである。またこのビューロクラシスムスの訳語が「官僚政治」とあるため、この弊害は官庁にばかりあるものと信じているものが、世間には大多数である。またビューロクラシスムスを訳すのに、官僚政治としたのは、このように至るところで派生する弊害を目線に入れて、これを指摘するのに便利であって、その流行語が最もよく効を奏するという点から、わざとこの名を用いたことが知られず、かえってこの弊害が官庁にのみあるかのような迷信を生じさせたのではないかと思われる。私は今日浪人の身であって、官庁を弁護する任に当る義務などいささかもない。

しかしながら、官庁の外にあって、われわれ人類の生活活動に、このビューロクラシスムスの弊害が甚だ大きいことを思い、またこれを攻撃して排除することを企てる人々が、その病根の伏在する場所は、ただ官庁だけに止まり、他の局面に存在してわれわれの活動を妨げているのを知らないとすれば、この社会的疾患を治療して福利を得ようとするにあたって、甚だ無策の狩猟を企てるようなものではないかと疑うのである。

流行語には盛衰がある

政治的演説あるいは新聞紙上で、ある流行語を鋳造して流通させる風は、決して日本にばかり行われるものではなく、世界各国みな同様である。ゆえに、この種の語は、一時盛んに流行して、ついにそれ自ら死滅する例は少なくない。わが国においても、藩閥、党閥、学閥などの語も一時盛んに言われたけれども、この流行語の用はしだいに陳腐に帰して、今や官僚という流行語が代用されるようになった。これらは、すべて前に述べたカタマリ法華から生ずる焦げ臭い臭気にほかならない。

かりにも健全に発達しつつある大国民の気性が発揮される時には、この種の語の用法が随時生じて、やがて変り、消滅するものであろうが、その当時の流行として、人を害するという甚だしい弊に陥るのは恐るべきものがあり、識者はこれに十分な注意を払うことが必要であろうと思う。またひどいのは、自己が政府の官吏に登用されない場合、むやみに官僚政治を攻撃し、いったん官吏になると、翻って熱心にこれを弁護するような輩がいることである。

なお、この官僚政治の意義をある面から見るために、官僚政治攻撃のある一幕を紹介することも、まったく興味のないことではなかろう。

四　官僚政治の必要性

英独の官僚政治の違い

英独の間に官僚政治非難の面白い一幕がある。しかし、英独両国の市町村を比較するとき、英国人がドイツの官僚政治を非難するのはまったく当たっていない。英国においいては、市町村長の任免の権は政府にある。これに反して、官僚政治といわれるドイツにおいては、市町村長は公民の選挙によるのである。英国では官設の会計検査院によって、郵便税の支払いにいたるまで監督を受けるが、これに反してドイツにおいては、市町村の行政は財政上の自由を許している。元来、官僚政治に対する根本的非難は、市町村制を指すのではなく、国務大臣が政党の希望によって任免されることのないドイツの主義に反対したものである。

しかしながら、以上の市町村制に対して見ても、また疾病保険改革がはじめて英国に発見された事実に照らして見ても、官僚的といわれるドイツ帝国においては、すでに各種の労働者に対して、自治権を有する疾病保護組合を設けさせているのに対して、自由主義の英国においては、ある種類の労働保険経営に労働者の参加を許さず、まったく官僚的な政府機関によって処理させるという制限がある。

これらの事実から見ても、官僚政治が、決して英国のような国では行われず、議会政治の所にも行われず、また政党内閣の所にも行われず、政党の事務所にも行われないで、かえってこれに反する所に弊害が生ずるという事柄は、まったく事実に通じないものの言であることは、甚だ明らかではないか。

四種類の官僚政治攻撃者

最近、この官僚政治について、私は師事するある外国人にいろいろ質してみた。その中で、一、二の外国人の批評によれば、日本において、官僚政治主義を攻撃する者たちは、四つに区別することができると言う。その一は、各種の政治家。その二は国家の補助によって地位を進め、今日この補助を要せず、なお一層有利な事業を営もうとする商工業者。その三は、国家の官吏に登用されない不平者。その四は、日本におけるマンチェスター学派の英字新聞(2)、および他の官営事業のために営業上に不利益を被ったもの(国民の不利益ではなく、その各自の一、二に止まる営業の不利益を被ったもの、したがって官僚政治を誹謗するもの)。これらがみな官僚政治の弊害のみを挙げるものである。

ゆえに、その官僚政治の非難は、官僚政治そのものがまったく完全なものではないにしても、その欠点以上に誇大な非難を加えて、その反対すべき議論を敷衍し意見の粉飾を試みようとするものに他ならない。そして、この非難が官僚政治の偶発的弊害を指摘するものではなく、その本体において非難するものであるならば、このことは、その非難を試みるもの自身に、みな多少、官僚に対する認識が欠如しているのである。また非難に賛成するものも、やはり同様の欠点を有しているのである。

複雑な組織は官僚政治を要求する

前にも述べたように、小銀行家が大銀行家に対して、官僚的な杓子定規を非難し、小事業家が大事業家に対して、同一の非難罵倒を試み、小商人または小会社が大会社に対して、同一の手段を執るものは多いが、彼らはみな官僚への認識において欠けるものがあるのだ。要するに、官僚政治そのものは、社会が進歩にしたがいますます複雑となるにしたがって、その活動を敏捷正確にしようと希望して、一個の組織的機関によらざるを得ないことから発生する。すなわち一人の首領の指揮監督の下に、相当の幹部機関を置き、その多数を指揮して目的を誤らないようにする組織的機関を必要とするのである。言いかえれば、この組織的機関はすなわち一種の機械として、文明的な事務を処理する官僚政治たらざるを得ないのである。極度の自由を主張する社会民主党の党務においても、この事実は免れない。ゆえに自由主義と官僚主義の手をまったく離れて至便至当な活動ができるわけがないのである。

さらに他の言葉を用いて官僚政治を説明してみれば、官僚政治主義というものは、分業的執務主義のことである。すでに司法、行政と国家の事務が整然と分かれている以上は、どこの国においても、文明の政治としては免れることのできない専門分科があり、専門分科の各々が専らにする機械的作用を、敏活に過失なく進行させるために、官僚政治なるものがその方法であり原則なのである。

官吏増加は問題か

世に、官僚政治は官吏を増加させると主張し、文明の民主政治はこれに反して官吏を減少させると主張する人が少なくない。しかし、すでに司法、行政の分割によって、官吏は減少するどころかかえって増加するのは明らかな事柄である。この事実は、必ずしも官僚政治のためにそうなるのではなく、専門分業のために官吏が増加するものであるというのは、今さら言をまたない。これと同じく、その事務に通じないために官吏が増加することを以って、ただ官僚主義の弊である官僚政治の罪であると、一途にその責めを帰せようとするのは、よく考えもしないからではないか。官僚政治の弊により官吏が増加することが実際ではないだけでなく、官僚政治そのものが官吏を増加させる恐れがあり過失ありと見なすのは、そもそも大きな間違いであり、このような現象は官僚政治の過失ではなく、ただそれは未熟官僚政治に偶発した一時の現象に過ぎないのである。

また、官僚政治の中央集権・地方分権に対する関係についても、これに非難を試みるものもいるが、元来、この地方機関に権限を分与し、地方機関の権力を拡張しようとすることと、中央に集権することとの問題は、まったく別種の問題であって、官僚政治のために云々というものではない。これは便宜上の問題である。

根本は官吏等の品性・能力

以上のほか、官僚政治の根本の問題は、官吏そのものの品性・能力如何ということに帰着するのであり、ここから非難も生じ、非難を免れ、また賞賛の声も起こる。いかなる主義によって組織するにしても、一個の事務所を組織する以上は、多数の吏員、構成員など人を要することは明らかである。官庁にあっては官吏、会社にあっては重役あるいは社員である。この一方の官吏と他方の重役・社員と、その人の品性・能力を対照比較すれば、果たして官僚政治主義に弱点が多いか、より大きな弱点があるかは、すこぶる疑問に属する。

今、ある大学あるいは大政党・大企業のある成績によって、その組織ならびにその構成員の行動を照らし出して見ると、必ずしも官僚政治的な組織の如何によって、その功績の如何を占うに足らないということは、甚だ明らかである。わが日本においては、各会社・各銀行・新聞社などでは、その重要な位置に官僚の古手を登用する例も多く、ことに唯一大政党の首領や領袖にすら官僚の古手が珍重され、奉戴されているではないか。また社会民主党などでも、その構成員のためには学校を設け、あるいは経験家に対して特別な講義を授け、新たに採用するものには試験法があることからしても、官僚政治主義の必要はまた明らかである。くわえて、国有鉄道が、いかに少数の幹部吏員によって大機関を動かし、他の多くの独立した私設会社の鉄道重役が獲得している俸給額ならびに賞与額に比べれば、より少ない金額で、彼ら各自の奮励努力をもって功績を挙げつつあるかは数字が明瞭に示している。これは、日本の各団体だけでなく、他の外国の団体においても同様の事実である。

英国にも官僚政治はある

右に述べたような官僚政治が行われていない団体では、組織的活動の原則を維持できないことは誠に明瞭である。官僚政治と政党との関係について言うならば、世間には、すでに政党には官僚政治があってはならないと信ずるものが多いが、そもそもの誤解である。英国なども最近の状態から見れば、大陸手本の官僚政治を免れないと悟っているように思われる。多年、英人はこれら官僚政治が侵入する余地はなく、まったくその影響を蒙らなかったと誇称していたが、それは陳腐なことであったと悟りつつある。そもそも英国政党内閣に官僚政治が無いと思うものは、英国の事情に精通しないためではないかと疑う。こうした誤解は、官僚政治が政党内の基礎をなしていることを自分も知らず、世間も知らないために起るのである。

元来、英国では、二大政党が久しく睨み合って各々その党務を支配するには「パイシェル」すなわち「ウィップ」（鞭を執って指揮する者）があって、一定の機関を率いてその党派の官僚政治を行っている。あたかもこの「ウィップ」は軍事の参謀本部のようなものである。わが国でしばしば英国における自由政治または政党政治を口にするものは、この事実を知らないためではないか。ことにわが国では、英国の政党政治すなわち完全な領袖制度が未熟な段階にあって、したがってわが政党は、今なお未熟官僚政治である。やや組織の整っている政友会でも、実際、未熟官僚政党たることを免れない。かの板垣伯、大隈伯の自由党・改進党時代よりは進歩していることは何人も異議がないが、このように未熟官僚政治であることを免れがたいにもかかわらず、その党員は、官僚政治の外に超然としていると考え、得意な態度をとるのは甚だしい誤謬ではあるまいか。

五　官僚政治の健全な発達と不断の改善努力

不断の改善努力の必要性

要するに、官僚的な執務方法が杓子定規であって煩雑に堪えないと唱えるものは、多くは未だ大経営の内部執務の技術の観念を持たない人士が、好んで異説を唱え好んで非難を加えるに過ぎない。ゆえに、官僚政治そのものには、もとより、いささかの欠点のないことを期するのはむずかしいし、今日改善すべきところが多々あることは認めるが、このことをもって官庁の執務方法に付き物であるとして、官僚政治をまったく除去して、社会的活動の複雑なものを処理しようとするのは、大本において誤っていると言わざるを得ない。

かくして、近代的大団体として成立したもの、すなわち官庁といわず、銀行といわず、また会社といわず、個人商店といわず、総てのこのようなものの成立の根底には、実に官僚政治主義があるということを私は断言する。しかしながら、これに対して不断改良の必要があることはもとより論をまたない。なぜならば、いかなる改良であっても、弊害は自然に生じやすいのであって、改善するにしたがいまた弊害が生ずることは、万事に免れがたいのである。ゆえに、常にこれらの弊を除去することに留意し、時々これを指摘してその改善を促がすことは、健全な官僚政治の発達を希望する上で、極めて必要なことであると私は信ずる。要するに、官僚政治の機関を不必要であると唱えるものは、そもそも誤っているのであり、またその改善の不必要を唱えるものも誤っているのである。社会が進歩し複雑となるにしたがって、ますます官僚政治は欠くべからざること、またその改善の必要であることは、少しも疑う余地がないのである。

改善方法を指摘する人は少ない

今や、官僚政治主義を論難することはきわめて容易だが、その官僚政治が行われる団体組織の内部の事情に通じて、具体的にその改善の方法を指摘する人は、古今内外ともに甚だ少ない。さらにその能力があってこれを実行する人々にいたっては、一層少ないのが残念だ。たまたま官僚政治に多少の経験があり、また重要な地位を占めたものが、これを論じたり攻撃したりするものがあるが、多くはその落伍者であってみだりに不平を鳴らし、いまだかつて大経営をする団体の内部の事情を知らず、またその技術の観念を持たない無謀な非難者に伍して、一時の喝采をむさぼろうとするものである。

ドイツのクルップ[3]製鋼所などは、クルップその人は官吏ではないが、その工場の整理拡張などに対しては、総てこの官僚政治的な規程を用いざるを得ず、これなしに、クルップ家の繁栄策を企画することができなかったのは、甚だ明らかである。したがって、クルップ家の工場においても商店においても、また同一の例を有しているのは疑いないことである。

ドイツの学者の二つの意見

終りにのぞんで、組織的機関の生活において、官といわず、民といわず、団体といわず、個人といわず、総ての生活において複雑な大事業を統治するのに必要な一大機械は、官僚政治であることを証するために、左に一、二の大家の所説で、私と同意見であるものを挙げておく。ハイデルベルク大学の教授アルフレット・ウエーバー(4)の、社会政策学協会での演説中に明言する一部をここに引用する。

私は官僚政治的機械の技術上の長所を、否認するほど愚かではない。われわれは、官僚政治的機械が、大きな機械であって、技術上必要なものであって、最も光輝あるものであることを、ようやく知り学んだのである。われわれは、シュモラー(5)氏の、官僚政治というものは、大きな機関において分業の法則を貫徹し、それによって官吏を専門的にし、本職的官吏を養成しようとするものであるという意見を排斥するものではない。われわれは、官僚政治が良好な司法行政、および概して事実上良好な内務行政を創造した。しかし、他の幾多の機能を担任できないものの、交通政治・生産政治の変化が官僚政治的機械を排斥する部分は、おそらく最も小さく狭い領域であることを経験によって確信する。そのほか、公的官僚政治に止まらず、総ての組織団体は、たとえ公的なものでなくても、官僚政治的であること、および総ての大きな組織体は、この技術的機械を持っていることを知った。最後に、われわれは将来、ますます大きな組織の設立、否、公的あるいは私的な大機関が、一層大きな機械に合同することが、進化の行程上必要であることを知った、云々。

私はまた、古い自由主義者にして、道理にかなうならば、一切これらの問題を度外視して放任するものではない。けれども、彼らの古い自由主義は、甚だ道理にかなった見解を持たない、云々。（中略）もし、このような形勢を詳らかにしたなら、もちろん旧来の放任主義を再び採用することはないだろう。

また、ベルリン大学の教授アドルフ・ワグナー[6]博士が、同時に演説した中に、

アルフレット・ウエーバー教授が、われわれはこれによって再び一大官僚政治的機械を創設するようになるだろうと説くのに対し、私はその通りと答え、かつその他にいかなる方法があるかを問おうとしたい。これを官僚政治的機械によって実行するか、またはまったくこれに着手しないかの二途があるだけである、云々。

（中略）私は、公然かつ正直にプロシアおよびオーストリアについて断言したい。プロシアおよびオーストリアを今日有らしめたのは、ホーエンツォレルン[7]家およびハプスブルグ[8]の両家ではなく、両家が堪能な官僚政治を施行したことにある。両家は官僚的政治家を養成することによって成功したのである。オーストリアは疑いもなく有為な人物の製造の下に、財政経済上の非常な難局を排して、成功を遂げたのである。すなわちこれに関する幾多の政治家を列挙するときには、ことごとく官僚政治家でないものはない。プロシアにおいても同様である。ビスマルク[9]自身は、確か

にある関係において官僚政治家ではない。けれども、彼は近代的大官僚の一員であった。また近代のドイツ帝国およびオーストリアのような国家を産出した官僚の一員であった。偶然的な性質の欠陥および人間の不完全がどこにも存することは、とうてい免れない。わが官僚政治にも、確かに幾多の非難すべき点はあるが、われわれは、その救済手段および相互の監督法を十分に持っている。われわれは、この官僚政治的機械を必要とし、かつドイツおよびオーストリアにおいて、官僚政治が内務行政、経済行政、および新奇な大工業的行政において成功したことは、世界に唯一のものであることを断言できる。

かの純然たる私経済国である米国においては、まったく別種の弊害が見られる。すなわち腐敗である。ドイツにおいては、大学の教授が自由な放言をするため、いささか譴責《けんせき》されることもあるが、もし米国に行ってしばしば賞賛される寄付金で成立した大学でトラストに反対すれば、直ちに放逐されることは疑いない、云々。

右のように、ドイツ国においても、官僚政治の問題は、各種の点から検討され、しばしば各般の政治経済的会合において討論されている。世人がすでに知っていることだが、ウイアナで開会した社会政策協会では、上の両教授以外の諸大家が、官僚政治に対して最も興味ある討論を闘わせている。しかしながら、わが国のように、民間側あるいは政党側には官僚政治というものが全く無いというような見解を持つものは、ドイツ、オーストリアの識者にはいない。

現代社会は官僚政治をのぞいて成立しない

このように言うと、あるいは、わが民間には官僚政治の弊が無いのであるとか、または民間よりは、多く官庁に官僚政治の弊があることを言うのみである、と論ずる人もいるかも知れない。これには私はあえて反対するものではない。ただわが国においては、健全な官僚政治をのぞいて、政党、会社・銀行も成立させることができ、官庁をも成立させることができると言うにいたっては、私は同意できない。

要するに、さきに出版した『官僚政治』の著者オルツェウスキー氏は、社会的疾患の治療のために、いかなるものがその診断を行い処方を与えるべきか、各人の自由に一任してその診断を行い処方を与えることができるのか。特にその資格を持つものは、国会、国家、ならびに良好な新聞、多くの公共団体、または私立協会であると仮定した。そして、その中で、国会は、自身が病的であって他を救う暇がなく、議員の多数も自ら病にかかり、国会はすでに精神の健康を失っていることを論じ、やむなくこれを国家に委ねようとすれば、すなわち官僚政治そのものの本体は、不必要なものではないが、その形式において多くの病的関係を生ずるとして、ここにオルツェウスキー氏の本意があり、これを矯正し健全な発達をさせ、それによって社会疾患の任に当らせることを希望したことは、ワグナー氏の説とその帰するところが同一であり、私もまた私見を同じくする。

私はひそかに信じる。今日「ソーシャル・デモクラシー」を首唱する徒は、他日「ソーシャル・ビューロクラシー」となるのではないかと。世人はあるいはこの名が新しいと感ずるものがあろうが、すでに、「ソーシャル・モナルヒー」なる名辞は、ビスマルク公によって唱道されたではないか。

注

(1) カタマリ法華《ぼっけ》 性向や信仰が極端であること。

(2) マンチェスター学派の英字新聞 『マンチェスター・ガーディアン』。一八二一年マンチェスターで創刊された。自由主義系。一八三八年頃からイギリスのマンチェスターを中心に、コブデン、ブライトらが穀物法（穀物の輸出入を制限）廃止運動を推進し、自由貿易思想の普及に努力したのが、マンチェスター学派。

(3) クルップ（Krupp） ドイツの製鋼業者の一族。一八一一年フリードリッヒ・クルップ（一七八七〜一八二九）がエッセンに製鋼会社を設立。子孫相継いで事業拡大。両次の大戦に兵器製造・製鋼で活躍。第二次大戦後、連合軍管理下に置かれたが、西ドイツ再軍備で復活。国際的財閥の一。

(4) アルフレッド・ウエーバー（Aifred Weber） 一八六八〜一九五八。ドイツの経済学者、社会学者。工業立地学の建設者。その文化社会学はナチスに忌まれ強制停職に処せられた。マックス・ウエーバーの弟。

(5) シュモラー（Gustav von Schmoller） 一八三八〜一九一七。ドイツの経済学者。一八七一年、A・ワグナーらと共に社会政策学会を設立・主導。『シュモラー年報』を刊行。新歴史学派を主導、倫理的・実践的社会改良主義を唱えたが、理論と実践との境界が不明確で、当時のマルクス主義者から講壇社会主義と皮肉られた。主著『法および国民経済の根本問題』など。

(6) アドルフ・ワグナー（Adolph Heinrich Wagner） 一八三五〜一九一七。ドイツの経済学者。新歴史学派を代表し、資本主義を前提とした社会改良主義を唱えた。著に『財政学』など。

(7) ホーエンツォレルン（Hohenzollen） プロシアの王統。一八七一〜一九一八年ドイツ皇帝（プロシア国王でもある）。

（8）ハプスブルグ（Habsburger）　オーストリアに君臨した王統。しばしばドイツ国王に選ばれ、一四三八〜一八〇六年神聖ローマ皇帝、一九一八年までオーストリア・ハンガリー皇帝、また一五一六〜一七〇〇年イスパニア王。

（9）ビスマルク（Otto Bismarck）　一八一五〜一八九八。ドイツの政治家。ユンカー出身。独仏戦争に勝利して一八七一年ドイツ統一、ドイツ帝国宰相となる。欧州外交の主導権を握り、内政では保護関税政策をとり産業を育成。社会主義運動を弾圧。鉄血宰相。

官僚政治・抄

（一九一一年）

オルツェウスキー著、後藤新平訳

訳註の作成に用いた主な事典類を以下に掲げる。この他に用いた文献がある場合は、個別に事項末尾に引用を記す。

岩波書店編集部編『岩波西洋人名事典』岩波書店、一九八一年（以下、人名事典）

京大西洋史辞典編纂会編『新編西洋史辞典』東京創元社、一九九三年（以下、西洋史辞典）

Die historische Commission bei der Königl. Akademie der Wissenschaften（Hg.）: Allgemeine deutsche Biographie. Leipzig. 1875-1912（以下 ADB）

Die Historische Kommission bei der Bayerischen Akademie der Wissenschaften（Hg.）: Neue deutsche Biographie. Berlin. 1953-（以下 NDB）

序

世に官僚政治という語がある。世人は、ややもすればこの語を、いわゆる藩閥政治あるいは軍隊組織と同一視し、かの藩閥の専制を喜ばず、軍隊の跋扈《ばっこ》を好まないと称するものが、しきりに官僚政治の害悪を云々し、その果てに、官僚政治すなわち専制政治、圧制政治の別名であるかのごとく考えるようになる。誤解もまた甚だしいと言えよう。

そもそも官僚政治とは何か、何人も知っているように、官僚政治とは古来よりわが国にある語ではなく、ビューロクラシーの訳語である。それではビューロクラシーとは何か。さらにその語源を遡れば、この語はイタリア語のビュロー、すなわちテーブル掛けという語から転化してきたものである。考えてみるに、昔の風習として、官庁のテーブルにはかならずテーブル掛けで覆う習慣があり、そこからビュローという語は、何時の頃からか自ずから転じて官庁のテーブルの意味を生じ、さらに転じて政務を執行する事務局の意味となり、ついにおよそ一長官が統率主宰する行政組織の完全な一連鎖を成す官吏全体が形づくる一種の習慣制度を指して、ビューロクラシーという名を当てるようになったのである。しかしながら、ビューロクラシー本来の意味からいえば、語源のビュローが必ずしも官庁のテーブル掛けを意味するだけではないように、官庁の行政組織にだけ特有な習慣制度をいうものとすべきではない。官庁において行われるビューロクラシーは、たまたまその最も著しい一例にすぎないのである。

わが国においてもビューロクラシーという語は、一般に官僚政治の意味で慣用されているが、事実においては、官私の別を問わず、大小の差を論ぜず、かりそめにもある一定の組織の下に成立した各種の機関に在っては、必ずや何らかの形式でビューロクラシーの発現を見ないことはない。単に官庁だけではなく、一般の政治界においても、商工界においても、否、広く社会百般の方面にわたって、かりそめにも組織的、統一的機関が成立するところには、すなわちビューロクラシーが発現するといっても、誰がこれをこじつけと言えようか。ビューロクラシーは果たして不健全な現象であるのか。もしそうだとするならば、その弊害が及ぶのは、ただ官庁の行政機関にのみ止まらないではないか。大銀行もその弊害を受けるだろうし、大会社もその弊害を受けるであろうし、否、堂々たる大政党であっても、一定の統率者の下に一定の規律にしたがって行動する以上、その弊害を受けることがないとは言えまい。

ここにおいて知られよう、利害関係を等しくする多数者がより集まって形成する組織機関においては、広く自他の利益を思うことなく一人の勢力を伸長させようとすれば、そこには、まのあたりにビューロクラシーの弊害を生じないわけにはいかないのである。すなわちビューロクラシーにその弊害があるとすれば、単にいわゆる官僚政治を正すだけではすまないのではないか。国民は各々その利害善悪を有する組織機関に対して、つぶさにいわゆるビューロクラシーの得失を検討しなければならない。したがって、ビューロクラシーの検討は、官民を論ぜず、かりそめにも真摯《しんし》に国家社会の公益を思う者ならば、一日も念頭を離れてはならない急要な一大問題ではないか。

思うに、今日の社会は、一定の組織の下に、適当な機関を有して、相《あい》たすけてその発達に向かうべきである。少しばかりこれに資するために、私はビューロクラシーの利害得失について検討を長い間重ねてきた。回顧すれば、今から八年前、私が台湾に在職の時、ビューロクラシーに関するヨゼフ・オルツェウスキー氏の著書をオーストリアに求めて、公務の余暇、宵《よい》から夜中にかけて一読したところ、その説く内容がことごとくその通りではないものの、所々急所をうまく衝《つ》いていると、思わず快哉《かいさい》を叫んだ。当時、私は、この有益な資料を私有せず、広く感を同じにする友人とともに、お互いに検討することを希望し、台湾総督府事務官警察官練習所教官の森孝三君★に同書の翻訳を頼んだところ、彼は、公務の余暇に随読随訳して、ついに全編を訳し終えた。そこでこれを再読してみると、よく原文の意を得ていた。しかしながら、当時これを出版して世の同志に問うことは、あるいは世間の誤解を招くかもしれないと考え、原稿をしまいこんだまま今日におよんだ。

その時以来、歳月の推移とともに、この種の検討はますますおろそかにできないと信じるので、ここに本書を公刊して、世間の同志の者たちとともに研鑽《けんさん》を尽くし、少しでも国家社会のために、組織的機関の健全な発達に役立てようとするものである。もしこの書によって多少の資益を同志の検討に対して与えることができれば、私の本懐というものである。

後藤新平

一九一一年十一月

★(1874-?)独逸協会学校専修科を出て、渡欧。ベルリン大学卒。後藤新平の読書上の秘書。(御厨貴編『後藤新平大全』藤原書店、二〇〇七年、二二五頁)

第一章　官僚政治とは何か

官僚政治の本義

官僚政治の原語ビューロクラシーを直訳すれば官房《かんぼう》政治である。語源はフランス語のビュール、イタリア語のビュロー、スペイン語のビュヨーであって、もとは一種の布地を意味していたが、後世になって官卓の意味を生じ、次いで公務を執る官房を意味するようになった。これは考えるに、官房のテーブルが、常にビュールという布地で覆われていたためである。このようにして遂にビュローという語は、一長官の統率の下に行政組織の連鎖をなす役人全体を意味するようになり、ビューロクラシー本来の意義は、コレギュームすなわち合議体に対するものとなった。すなわちビューロクラシーは責任を有する一指揮官の決心によって行動する官職の組織をいい、コレギュームは多数の官吏の決議によって事務を処理する組織を意味するようになった。

ビューロクラシーは本来、このように何ら悪い意味を含んでいなかったが、次第に転化して、国家の行政機関および法制上に発生した一般の疾患を意味するようになった。すなわちビューロクラシーという語は、現今、官吏がその卓上より社会を見下ろして政治を行うという意味となった。ここに説こうとする官僚政治がすなわちこれである。ハイゼ氏の辞書★によれば、ビューロクラシーの定義として、「ビューロクラシーとは、ほしいままな偏りをもって自己の卓上から世界を見下ろして政治を行うものをいい、ビューロクラシスムスとは放縦を極めた官吏的専制政治をいう」とあるが、官僚政治の本質を捉え得て妙である。

★ハイゼ（K. W. L. Heyse（1797-1855））は独の言語学者、ベルリン大学員外教授。著書には独語文法理論や辞典がある。ヘーゲル哲学の影響を強く受けた。引用は『ドイツ語中辞典』（一八三三～四九年）。（ADB）

換言すれば、ビューロクラシスムスとは、活きた人生を考えず、時とともに転変して瞬間も停滞しない個人および社会の事情を度外視《どがいし》する施政者により生ずるものである。しかしながら、政府の行動が必ずしもことごとく官僚政治というわけではない。かの救貧制度、労働者保護、保険制度などを官僚制度の発現などと誰が言うであろうか。かりそめにもこれらの制度が人民の自然な要求を充たし、あるいは少なくともその代表者が必要を自覚したものであればこそ、これらを官僚政治とは言えないのは当然である。これはすなわち、国政のある一部に極端な官僚政治が露《あらわ》であっても、ただちに国家あるいは政府の存在を無用としない理由である。

想うに、官僚政治は、一種の恐るべき無意識的疾患である。政党、政派、または貴族政体、民主政体、自由主義などのようなものと相対する一個の主義ではなく、何人も殊に政府自身すらも、官僚政治がその主義政綱であると認めるわけにはいかない。政府はかえって国民のこれに対する不満を他に転嫁することを常とする。

官僚政治はまた、ポリクラシー（繁雑な政治）と同意義でもない。ロベルト・モール★氏はかつてこれを論じた。すなわち、

「万事に無用な干渉をして繁雑な政治を行うのは、官僚政治の常態であるが、官僚政治に対する一般の非難は、単に皮相一片の形式的行動や、放任しておくべき事項にまで無用な干渉を試みるようなことだけでなく、官吏の傲慢《ごうまん》であって世態人情に疎いこと、いたずらに旧習旧慣を墨守《ぼくしゅ》すること、不成功と知りつつも上官の命令に盲従《もうじゅう》することなど、ポリクラシーとは自ずから別種の欠点を意味する。」

★ **R. v. Mohl**（1799-1875）一九世紀ドイツを代表する国家学者のひとり。チュービンゲン、ハイデルベルクの両大学で教授を務める。著書に『ヴュルテンベルク王国国法論』など多数。官

僚制批判の論陣を張った。（NDB）

官僚政治はまた、専制政治と同一の意味でもない。なぜならば、官僚政治はフランスのような民主政体の国においても、またすこぶる盛んに行われつつあるからである。

官僚政治はまた、国家の絶対権と同一の義でもない。もしある国家が、一意専心、社会民主の幸福を企図するものとすれば、その絶対的権力を把持するのは、人類にとってこの上ない幸福である。このような精神に基いた国家の命令は、決して有害な性質を帯びるものではなく、その権力が強大であるからといって、ただちに官僚政治であるというのは誤っている。なぜならば、国家の権力をある程度制限し、その活動の範囲を縮小したからといって、事理を顛倒《てんとう》した無意味な政治は、防ぎようがないからである。したがって国権万能主義だからといって、ただちに官僚政治とは言えないと同時に、国家の権力を制限することによって、人類は容易に官僚政治の余弊《よへい》を免れ得たとも言えないのである。

最近の学説によれば、国家の任務は、義務的信念によって生ずる個人対社会的団体および職業的団体間の関係を調整することにある。ところが、政治が、もし人民の利益圏以外の地に立ち、または人民に背反し、政府を代表する官吏が、杓子定規《しゃくしじょうぎ》形式にとらわれ、その必要と否とを問わず、自己の勢力と尊厳をひけらかそうとするようなことがあれば、政府は明らかにその本然の趣旨任務に背反するものと言わざるを得ない。

官僚政治に対する二個の非難

すべて官僚政治に対する非難は、二個の異なった方面をもつ。すなわち一つは国家が憲政の発達または社会民情の変遷に伴って、当然行うべき革新を怠ること、他の一つは、国家が社会の公共生活全体を自己の所有物視し、個人の努力と経営とに任されるべき事項を占領し、その合理的活動の範囲を越えてしまうことである。

今これらの国家的活動の範囲を誤って現れる二大病弊について、仔細に調べてみると、前者は、政府の卑怯に原因があり、後者は過度の自負心に原因がある。したがってこの二大病弊のほかに、官僚政治の国家は、かつてわれわれが夢想だにしなかった程度にまで官吏の地位を高め、これに無限の指揮権を付与するのを常とする。このような国家にあっては、官吏は必ず政治を職業とし、この職業のために専門的教習を施し、一般社会との間に堅固な城壁を築き、一種の階級的精神をもって傲然《ごうぜん》と割拠する。こうなると、彼らはいわゆる政府の中の政府となり、国家の中の国家となる。ただし、これらの官吏をことごとく卓越した人材、公平無私な人物、高尚で遠大な理想を有する忠臣にしようとしても、その結果は必ずしも悲観すべきものとは言えないものの、幾万人という官吏を採用するに当って、実際は、凡庸な人物、すなわち政治的職工の助手にすぎない人物で満足せざるを得ない。したがってこれらの助手は、いたずらに無味乾燥な形式の末端にこだわるだけであって、少しも国家制度の本質およびその目的を理解することはない。思うに、彼らには国家制度の精神を体得する能力はなく、しかも常に独立行動の責任を回避しようとする。彼らにとっては、これを理解しないことがかえって自己に便利であることは言うまでもない。

官僚政治は、民心がいかなるものであるかを理解しない。およそ民心というものは、程度の差はあっても、必ずある真実の要求から生まれるものであって、これを度外視するのは、すなわち国家の進運を阻害するゆえんのものにほかならない。ところが官僚政治は、かってその被治者である人民の意見を汲み取って革新の標準としたことはなく、国民の要求は、ただちに自己に対する非難、あるいは反抗的意向と見なすのを常とする。

官僚政治の定義

要するに、官僚政治とは、モール氏の定義にあるように、いわゆる「凡庸な人物によって補充された欠点の多い多数の職業的官吏団体が、形式一片の皮相的行動で満足し、国家の任務を誤解すること」を意味するものである。したがって官僚政治とは、実質および精神がどのようなものか顧《かえり》みず、単に形式的に事務を処理することを意味するだけに止まらず、また政治を職業として一般人民と隔たって立ち、上から社会を見下ろす官吏の階級的組織を意味するだけでなく、官吏が国家の任務を適当に解釈することもなく、その利益を推し量ることができないにもかかわらず、これをゆるがせにし、たとえその職務に熱心であるにせよ、社会の現実的要求を正しく理解できないため、その行動がかえって社会の福利を妨害するようになる病弊を併せて意味するものにほかならない。

第二章　官僚政治の特徴

官僚の専横

代議政体の国において、国民の代表者は政権を掌握して、その方針を左右できるわけだが、議会に政治の大綱が提出されるたびに、彼ら議員は口やかましく弁を振るって官庁の職権濫《らん》用《よう》を痛論し、官吏の民権蹂躙《じゅうりん》を絶叫するのは、そもそもどういう原因に由来するのか。いわゆる温和党に属する議員でさえ、官庁が憲法によって保証された国民の権利を蹂躙し、法律の明文に違反し、あるいは暗黙のうちに法律の存在を否認し、または立法者の精神に反してこれを解釈し、ほとんど法律を停止したかのごとき観があることを痛撃して止まないのはどうしてか。

これらの見苦しい有様は、結局のところ、国民と法律との中間に介在する第三者、すなわち官僚がのさばりはびこることに起因するものではないか。その責任は、全くのところ公私の社会においていたずらに虚栄と尊厳をひけらかそうとする官僚にあると言わざるを得ない。

そもそも国家の行政は、秩序整然として道理と公正さがはっきりしていることを要すると同時に、同じ性質の事務はみな同式に処理し、国民一般を同等に取扱うことを要するから、ある程度までは一定の形式に準拠《じゅんきょ》する必要がある。しかしその形式を運用するときに、特殊な事情および個々の性質を考慮しなければならない。もしそうでなく、一片の形式にこだわり、いわゆる杓子定規《しゃくしじょうぎ》に流れることがあれば、民福のために計った措置もかえって圧制となるのである。政治行政の形式は、一面においては執行上杓子定規に流れることを避け、同時に他の一面において、専断、濫用《らんよう》、誤解の弊に陥ることがないようにしなければならない。

官吏はことごとく政治家ではない。その多くは凡庸な人物であるから、彼らの手に過大な職掌をゆだねるときは、これを濫用して人民の不平を招くか、そうでなければその失策を恐れて独立行動の責任を免れようとして、官職に対してなげやりになる。われわれが官僚の特徴である専横および些事《さじ》干渉の弊害を排斥しようとするのは、決して正当な国家の権威を縮小させようとするものではない。人民に対して何人《なんぴと》も法律の前には平等であるという確信を強めさせ、法律の実行を期するのは、それがやがて国家の権威を強固にするからである。ところが官僚はこの道理を解せず、その権利を主張すべき最も適当な機会にこれを行使せず、最も不適当な機会にこれを濫用する。

政治家は、官僚が当面の要務に対して盲目的にその好機を逸することを非難し、どんな名案であっても、それが同僚の中から提出されたものではないと無意味にこれに反対することを痛罵《つうば》する。官僚が民間の発案に反対する理由を察すると、自分の法案を実行することによって、私利私欲を貪ろうとするのではなく、結果がどうなるかは措いて、まずはひたすら定期的に、形式的に、また常規的にその事務を処理することを願う一念に過ぎないのである。なぜならば、官僚は社会の趨勢《すうせい》を達観し、適当な機会に処して予め適当な画策を行うことができないからである。彼らはただ汲々《きゅうきゅう》として、これまで慣れ親しんできた例規を墨守し、腕をこまねいて将来の変化を待つだけだからである。

官僚の先例古格へのこだわりと権力伸長への腐心

官僚はまた学問の進歩を承認しない。彼らは日常の機械的な俗務に忙殺され、さらに進歩発達の余裕はなく、外国の制度文物を熟知することができないので、その見識はますます偏《へん》狭《きょう》でかたくなに先例古格《せんれいこかく》にこだわり過ぎる傾向がある。彼らが日毎に世界の精神的進運に遠ざかるのも当然である。官吏はその少壮時代に修得した学識によって、終生の職務を履行しようとするから、自然、その威権を弄《ろう》して、学問社会がすでに古臭いと認めた理論をも、強いて生命を与えようとする弊がある。現代における学問の成果が、公共生活の上に影響を及ぼすことが甚だ微弱なのは、その理論が実際に行い難いからではなく、その採否を決する権力者が無能無識であるからにほかならない。官吏一般の教育程度と学問進歩の程度とはほとんど隔世《かくせい》の感があるではないか。

官僚はまた、その権力を伸長させるためには、あらゆる手段を尽くしてやまない。彼らは国民の精神的、宗教的生活のような純然たる形而上の問題にまで干渉する。それを敢えてするのは、彼らが一意国民の倫理的向上を願い、専ら国民の幸福を祈るためにするのではなく、できるだけ自家の権力を伸長しようとするためである。すなわち、官僚が一宗派を擁護して他の宗派を排斥するのは、自己の信仰によるのではなく、実は有力な宗教を擁護し、その基盤を強固にすることによって、在来の制度を固定させようとする一種の手段に過ぎないのである。

官僚の民間への態度

官僚はまた、各種の自治的団体に反対の態度をとるのを常とする。なぜならば、自治団体が出て来る理由は、政府の無用な干渉と権力の濫用《らんよう》とに対し、自ら防御しようとすることにあるからである。このようにして官僚は、ある社会的事実に対して、自由に発達した自治団体を、盲目的に憎悪排斥《はいせき》し、その極み、国家の政務を補助しようとする公益団体さえも、破壊しようとする。フランスにおいて、僧侶の慈善的結社すら排斥しようとしている現行の社会党内閣★は、必ずしも彼ら本来の無宗教、あるいは自由思想に準拠して行うものではなく、官僚一流の悪戯《いたずら》にほかならない。

★一九〇一年七月一日の結社法はあらゆる結社の自由を認めたが、宗教結社のみは例外であり、とりわけ修道会の設立は認可制とされた。当初はカトリックへの配慮から寛容な運用がなされたが、翌年六月、E・コンブによる急進・急進社会党中心の内閣発足とともに事態は一変する。すなわち反教会派のコンブは、修道会の運営する無認可学校の閉鎖、修道会系学校の新設をめぐる認可申請却下を結社法の厳格適用により断行したのである。(柴田ほか編『世界歴史大系　フランス史3』山川出版社、一九九五年、一五〇―一頁)

官僚はまた、その命令に対する民間の反対をわずかばかりも容認できない。彼らは自己に対する反対は、ただちに国家の生存を危うくし、治安を妨害するものと認め、それを唱道する者を呼んで、現行の安寧《あんねい》秩序を撹乱《かくらん》する兇徒と称するようになる。このようにして、彼らは国家の権威を提《かか》げて、その権利を執行するとき、社会の下層に零落して、放縦不羈《ほうじゅうふき》の生活になれた賎民《せんみん》の階級から起こってきた不平および反対の声が、心理上容易に解釈できる自然な反動作用であることを知ることができない。したがってこのような反抗的態度に出るものがあれば、当の官庁は一層峻烈《しゅんれつ》な報復手段を用い、従来の方針を一変する正当な理由と認めない。国家はもとより正義が命じた必要な行動をとるとき、国民の中に不平の声を聞き、あるいは当の機関に対する誹謗《ひぼう》または抵抗を生じた場合、これを鎮圧するのに何の躊躇《ちゅうちょ》も要しない。なぜなら、世には国家の職掌について全く無知蒙昧《もうまい》な者があり、一個の利欲にだけあくせくして少しも公益が何であるかがわからない者がいる。しかし、法律の範囲内において適当な方法と手段によって、国家制度の改良を企図するものと、前述の盲目的反対者とを同一視するのは甚だしい誤りである。

この場合、国家が民間における不平の声を鎮圧しようとするとき、官僚政治の非難を免れようとすれば、当然、沈着剛毅《ごうき》に、その威力を適度に節することが必要である。当初、どれだけ人民の反対を受け、憤激の情で迎えられた制度であっても、これを実施する際、用意周到で、実際の必要に止《とど》めるときは、次第に一般国民の承認を得られるようになるだろう。しかし官僚政治の国家においては、このように最初は法律上行政上必要であった制度であっても、時を経るにしたがって幾多の弊害を生じ、ついには文明の進歩と国民の利福とを損害するようになることがしばしばある。なぜならば、官僚は民間における一切の改革的意向を、常に自己の存在および権利に対する攻撃であると誤認し、一度施行した制度は、極力永遠に保持しようとするから、かつて合理的であった新制度も、年とともに腐敗して、ついに国利民福に伴わなくなるのは、もとより当然のことである。

さて、官僚政治の最も顕著な特徴を項別して詳説しよう。

第一節　模型主義と熟練

模型主義と熟練との混同

官僚政治の普通の特徴は、官吏が盲目的に模型を遵奉《じゅんぽう》することにある。しかも官吏自身は誤ってこれを熟練と思い込み、ひそかに得意がるようである。このように根本的に異なる模型主義と熟練とを同一視する結果、彼らは変化の潮流が急激な現代において、今なお、法律学の素養ある人士であって、実際的、属僚《ぞくりょう》的、官庁的練習を経た者は、高等行政官たる資格において、世界の現状および社会的、経済的事情に精通する者よりも優れていると考えるような、謬論妄説《びゅうろんもうせつ》を抱くようになる。

熟練の長所と短所

そもそも熟練というものは、長い間ある同一の職業に従事した結果、会得した経験にほかならない。このような経験を有する者は、新たな疑問に行き当たるごとに、まずその豊富な記憶および職業上の知識によって、類似の場合を回想し、どのような措置が最もよく効を奏し、いかなる方法がどんな事情によって齟齬《そご》を来たしたかを明らかにし、それによってその解決に資するという長所を有する。しかもこのような熟練者であって、なお自ら事物を審判できるものこそ勝《すぐ》れているとは言えないか。単に記憶力によって為される方策は、とうてい、自覚的にその得失を弁別し、正否の如何を判断して為される方策に勝れることはできないのである。熟練はもとより行政上有用な資格であるに相違ないのだが、ただこれだけで能吏の主たる徳性ということはできないだけでなく、また決して人類教育の主たる目的とすることはできない。

官吏が熟練を持ち、加えてその職務を適当に理解して、常に国家本来の目的と、その目的を達する幾多の方便とを明らかに識別する能力を有し、一局部の事務を視察し、あるいは処理する巨細な実務的知識を有すると同時に、社会的、政治的要務を達観する見識を有するものは、われわれの理想とするところである。もし官僚として、見識がすこぶる狭隘《きょうあい》であり過ぎ、その見聞が官卓の周囲に局限され、当の官庁の窓から遥かに社会を観察するような輩《やから》であるならば、熟練も結局のところ模型主義、先例主義、古格主義に終わるだろう。

熟練はまたすでにその性質において、公私の生活のある要求を針小棒大に誇張し、機械的に同一の事を反復するものであるから、その結果、すべての活動的精神、批評的判断力を退歩させる弊がある。熟練は、独立の判断、適当な発明を要する案件に際して、盲目的に先例旧式を摸倣させるものであって、思想が薄弱で独立の判断のできない凡庸な徒《と》に限ってこれに依頼しようとする。かりそめにも鋭い眼で世界および人生を洞察し、その機微を達観するような人物は、決して熟練の援護を仰ぐことはなく、独立独歩、機に臨み変に応じて宜しきところを制し、それによって自己および人類進歩の行程を閉塞するような愚挙《ぐきょ》を演じないものである。官吏の熟練、すなわち官吏が行政上先例古格を墨守するのは、多くの場合、処分の形式様態を熟考する煩わしさを免れようとするもので、熟練は執務を容易にする利があると弁護するのである。しかしこのようなことは、結局、恐るべき謬論妄説であることを免れない。今日のように複雑な時代に処し、特定の案件に対する相応の形式を先例古格の中に求めようとするのは、あたかも羅針盤なしで大洋を航行するのに等しく、ついに到着すべき地点を発見できずに難船に終わるのは火を見るよりも明らかである。

現時の社会的、経済的生活が複雑で紛糾《ふんきゅう》を極めるなかで、とうてい浅薄な常識で解釈できるわけがない。これを処理しようとすれば、多くの場合、深甚《しんじん》な科学的知識と、多面的人生観を兼備した人材の、鋭敏闊達な創意的活動に期待せざるを得ない。

第二節　繁《はん》文《ぶん》

官庁の繁文狂は国家制度の疾患

官僚政治の第二の特徴は、繁文の弊であって、このために社会の実質的知能力精力が消耗することと、実に僅少《きんしょう》とはいえない。何らの価値もない些細《ささい》微少な案件にいたるまで、ことごとくこれを記録に留め、官庁の命令は必ずこれを文書に作製して余さないという弊は、古来、いたずらに官吏の余剰をふやし、さらに有益な他の事業に従事させるべき社会の精力を消耗させる結果を生じた。しかし、これらのことが官庁の内部に止まり、その弊害がただ多すぎる官吏を養うだけなら、まだ許せるところもあるが、今日のように制度および行政に対する批評的論議が自由な時代においては、世態の進化とともに、官庁の事務は狭隘な官房を脱して、社会と直接の交渉を生ずるようになっているからには、われわれはついに黙視するわけにはいかない。

官吏が官房にいて文書を用いるとき、その解決に数年を要し、、しかもその労苦が極めて多い案件のとき、自身で現場に臨む場合は、敏捷《びんしょう》にこれを裁断し、数言で命令して処分しなければならない。事はもとより凡庸な材でも足りて必ずしも敏腕の俊秀の必要もない。ところが、官吏は自ら進んで案件を解決しようとすることもなく、年々歳々同一の照会と報告を重ねるだけで、案件そのものは依然として旧態のまま停止している。ようやく処分をする場合にも、措置が緩慢《かんまん》であるために、それが終わるときには、すでに実際の状況に適合しない。このようにいたずらに文書を堆積する結果、その事務に恐るべき繁忙《はんぼう》を来たし、全体の記録を反復して審査を重ねても、容易に案件の真相を捉え処理できないだけでなく、国家および社会にとって最も重要な任務をおろそかにするのはやむを得ないこととなる。

今日、世界各国における中央集権主義の趨勢《すうせい》は、すなわち繁文《はんぶん》熱流行の一原因であって、官職の編制上、そのために生ずる弊害は決して少なくないのである。

官庁の過度な監督癖

官僚政治の国家に繁文の弊を助長する第二の原因は、官庁の過度な監督癖《へき》にある。一八六四年、著名なオーストリアの法律学者で帝国議会議員であったヘルブスト★氏は、繁文の原因を論じて次のように言った。

「およそ立憲的精神を基礎とする政府は、できる限り事務を軽減することにつとめ、かりそめにも政府本来の事務でないものは、ことごとく省略するのを常とする。すなわち小数で敏活な機関を備え、繁文を避け、無意味な監督を去り、一層有力な方法によって監督する。

換言すれば、これらの機関に対しては、輿論《よろん》および自治的機関の行動によって、実際の監督を行うことを常とする。

これに反して、官僚政治の病弊に囚われている政府は、被治者の無能力を口実として、旧来の事務はわずかなりとも改革することはできないといい、憲法政治によってさらに一層の繁忙を極めるだけでなく、立憲的自由運動に対して、絶え間ない監督を行う必要があることを主張するのが常である。したがって、官僚政治の国においては、各地方、各方面に対して、周密に監督機関を配置することを必要とする。ところがその機関が余りに多数であって賎劣に失する結果、自らこれを信用できず、監督に監督を重ね、機関に機関を重ね、重要な案件に関しては、裁決権を独占して、下級機関に委任することができない。このようにして予算は年々膨張し、官吏は歳々増加し、事務の増長とともに国民の負担はますます多くなる。要するにわれわれは官僚政治の国において、繁文に伴う官吏増員の弊害と官吏の増員に伴う繁文の弊害とが循環的に存在して停止することがないのを見る。」

★E. Herbst（1820-92）墺の刑法学者、議会政治家。当初はレンベルク大学で教鞭を取るものの、一八六一年を機に政界へと転身。徹底した自由主義者であると同時にアウスグライヒ政策〔オーストリア帝国がマジャル人（ハンガリー人）と協力して帝国内の諸民族を抑えることとした協定で、オーストリア・ハンガリー二重帝国の誕生につながった〕への強固な反対者。（ADB）

第三節　官僚的口振り

官僚の傲慢《ごうまん》な命令口調

元来、官僚は人民と接触するときに、その口頭と文書とを問わず、常に兵営的無礼《ぶれい》極まる口調を用いる弊がある。官吏の階級が主として軍人出身者によって補充されていた往時には、人民を服従者と考え、軍紀を維持する指令官の態度をとり、接触するときに粗暴で峻厳な口調を使う習慣があったのも、やむを得ないであろう。しかし、今日の文明国においては、官吏は代議士によって発表された民意の執行機関である。人民は官吏に俸給を給し、官吏は人民の代表者によって監督されるものであるとの原則がある以上、自己を優等な地位に置き、一種の尊厳を装って人民に対するようなことは断じて許されない。

口頭と文書とを問わず、官吏の傲慢な命令的口調を緩和し、鄭重《ていちょう》で親切な態度をとるのは、決して官吏の無気力・無精力を表現するものではない。官吏の命令口調は、やがて民心の反動を引き起こす原因で、危険の最も甚だしいものといえよう。

官吏は法律あるいは国家の名義において談話し、執筆するものであって、国家の自由民すなわち間接の立法者に対するものである。何人も法律の前に平等であるという原則が存する以上、官吏は人民に対して粗暴傲慢であってはならない。部下が人民に対して傲慢な態度、無礼な口調を敢えてするのを容認して怪しまないような上司の場合、その部下の職務上の無能を表白しているだけでなく、上司自身もまた同一の意向態度を持つことを証明していよう。現今においては、自由平等の思想が発達して、社会はかりそめにも個人の自由を蔑視《べっし》することを許さないのである。官庁の命令が礼儀を失したため、人民が憤《いきどお》り、その事実上の損害あるいは負担を与えるよりも甚だしいとき、恐るべき反抗を招く原因となった実例がしばしば見受けられる。

官吏はなぜ傲慢な態度をとるか

そもそも官吏が人民に接触するとき、上より下を見下ろすような態度をとるようになったのは、一面では社会があくまでもその権利を主張しようとする極端な気勢を有することと、他面では、国家が、教育あり才幹《さいかん》ある官吏を、不愉快な多年の奉職中、公衆と接して傲慢、粗暴、狭量、偏癖《へんぺき》など官吏特有の悪徳を養成すべき条件を制定したからである。われわれはこれらの多くを行政官の中に見る。見よ、彼らはその本務として、終日、公衆あるいは一個人の利益と衝突するのを常とする。たとえば、無資産の納税義務者から租税を徴収《ちょうしゅう》しようとするのは、絶対に執行不可能というわけではないが、非常に困難な職責であろう。その結果、往々にして官吏は、不正な計画、不当な要求の爪牙《そうが》〔家臣、武人〕であるというような感を抱くようになり、しらずしらずの間に一種の厭世《えんせい》主義に陥り、多年在職の間にこの習慣が固定して、ついに第二の天性となる。このような精神的、肉体的興奮は、やがて人民との軋轢《あつれき》を生み、その結果、人民の苦情を招くようになるのは当然である。

第四節　狭量

官僚は事の軽重を弁ぜず

官僚は常に一種の老婆心《ろうばしん》を有し、眼前の些事《さじ》にとらわれて大局を見る知力がない。たとえば、一時的、瞬間的、地方的性質を帯びた些事に過度の注意を払い、かえって真に重要な案件に対する注意と処分とを怠る。些事にとらわれてその処分にあくせくし、多大な心労を要する案件をないがしろにするのは人間の弱点であるが、国家の行政制度は、さらにこの病弊に陥りやすいのが常である。すなわち、執拗《しつよう》に官庁の行動を巨細に規定し、付随の些事にいたるまで極端にこだわらなければ止まない立法それ自身が、その悪例を最も示しているといえよう。そしてこの立法が公共的案件に対し、些細な事項までも一々規定しつつある間に、世界の改革的気運は、すでにその基礎に甚だしい動揺を与えつつあるのではないか。

今、官僚政治の宿弊に対して、ある新規則が発布されたとしよう。行政官は近い将来、このような細則は無用となるべき自然な破壊が切迫しつつあることを見通すことができない。この細則が永遠に存続するものと考え、こつこつとその形式的運用に勉め、汲々として細末にわたる一切の規定を暗誦《あんしょう》し、人類の幸福を図ることができると信じている。つまり、官僚は、国家を行政的遊戯の制度と考えているのである。

誰もが官僚政治を行える

官僚政治が行われると、その初めにまず法規によって些細な人民の自由意志に干渉し、しだいに一層重要な事項に立ち入り、おもむろに社会的、平民的生活の全体に搾衣《さくい》を着せ、人民の自由意志をおさえつけようとする。ヘルブスト氏は言う。

「学者であろうが、教授であろうが、あるいは商人であることを問わず、何人もただちに官僚となることができる。大臣官房にあろうと、商業会議所の事務所にあろうと、あるいはまた大学の事務室にあることを問わず、何人も随時随所に官僚政治を行うことができる。必ずしもその職が官吏であって、その舞台が官庁であるとは限らない。要は形式を精神の上におき、形式だけを行えば十分に事務を処理できると信ずることにある。」

第三章　官職における官僚政治

第一節　官僚はどうやって養成されるか

官職とは何か

官職上における官僚政治の発現、換言すれば官僚政治の揺籃《ようらん》、およびその発育の状態を論究するにあたって、まず国家官職について考えてみる。思うに国家はますます複雑になろうとする行政組織とともに、官僚政治の主要な領分であって、官職は最も適当な苗床《なえどこ》といってもよく、この点において、他の自治団体、あるいは私設団体はとうてい国家と比較すべくもない。国家以外の団体において、今やまさに流行しようとしている官僚政治の疾患は、国家的制度を盲目的に摸倣しようとする結果にほかならない。

国家の官職を主観的に解釈すれば、国家的団体が、自己の人民および他国に対する関係上、自己の負担する任務を実行する義務および権利のすべてを意味する。これを客観的に解釈すれば、官職は、上に述べるような国家の権利および任務の規則によって定められた範囲を意味するものと言えよう。そして官職および官庁を定義すれば、国家の任務および目的から生じた国家的機能を、一定の範囲内において処理する設備である。

官職成立の本旨は、国家の理想を実行することにある。官職はこの目的を達するために必要欠くべからざる手段である。官職は、現在において最高至上の社会的団体である国家が、その使命を実行するために、間断なく協力する機関である。国家は常に官職の助力を得て、個人および各種の社会的団体の行動を監視し、またこれを一定の制限内（地域上および事物上）において、公共の福祉に利用しようとするものである。

国家的団体の任務を実行するには、施政《しせい》の大眼目を定めるほか、なお人力と物資とを必要とする。そしてこれらの国家の権利および義務を執行する任に当るものを称して官吏という。

官職は一種の機械的機関

職、ことに官職と称するものは、それ自身に権力を有するものではない。他の国家的分子より権力の委任を受けるものである。そしてこの国家的分子というものは、官職それ自身ではなく、遺伝、既得の地位、あるいは国民全体の意志によって、独立の権力を有するものである。このような分子は、君主国では君主単独に、あるいは議会とともにあり、その他の国では議会であるとする。官職に属する権力の有権的性質、および間接的伝襲は、その任務の結果として生ずる。思うに官職は、それ自身独立の目的を有するものではなく、国家の任務を実行する上における一つの手段に過ぎないからである。換言すれば、君主あるいは国民の意志が、共同の幸福を図るために操縦する機械的機関に過ぎないのである。

官職の職務の範囲

およそ官職は、上は国家の元首に対し、下は一般社会に対してその職務の範囲を有する。そしてこの範囲は、関係法律、なかでも憲法および行政規則によって規定されるものである。前者は官職の組織、官吏と法律との関係、および政府の最高代表である大臣の議会に対する責任を明らかにした根本法であり、後者は、官庁の組織、その相互の関係、各行政事務の処理を規定したものである。近代法治団において、官職に就くための主な要件の一つは、官職の各部門における任務に適当な規定の専門教育を受けることにある。この専門教育の程度は、各官職ごとに一般の例規によって制定されるから、同一部門においては、その最下等官も最上等官も、同一程度の予備教育を受けることを要する。かの裁判官および行政官などもそうである。彼らは国家官職の階段において第一位を占め、下は最下等の事務官より、上は大臣にいたるまで同一の法学研究を要する。そしてかのいわゆる専門家（技師）は、不当にも官職上第二位を占めるに過ぎないのだが、その予備教育の程度は、少しも前者と異なっていない。

官僚政治と法学教育

現代の国家は、かりそめにも正規の専門教育を受けた国民に対しては、登用の門戸を開く（少なくとも理論上においては）ものであるから、この専門教育は、通例、官吏の最も重要な資格とするものである。したがって、官僚政治の特徴を喚起する官吏社会の性質を論ずるにあたっては、われわれはまず、今日行われている官吏の予備教育がどんなものかを研究せざるを得ない。官僚政治跋扈《ばっこ》の主な原因の一つが、この教育制度にあるかないかは、最も精密な検討に値するだろう。

今日の国家組織においては、法学者が官界に特異な地位を占め、全ての政務に勢力を有する。それでは現在行われつつある法学教育は、果たして官吏に、ますます困難な域に進みつつある国家の政務を全《まっと》うさせられるような素養を与えることができるか。また今日の形勢に際し、国家が官吏に要求する資格を与えられるか。これはわれわれの危惧《きぐ》に堪えないところである。

現時にあっては、世を挙げて大学教育の価値を盲信して疑いをはさむものはないようだ。しかし、大学卒業の免状は、単に一片の形式に過ぎず、これを持っているものに相当な学識があると推測させるだけで、その正確な程度を示すものではない。ところが、社会の民衆は、みな法学研究を終えた官吏の掌中に自己の権利を委任することによって、最も安全な途《みち》であると信じ、その利害と幸不幸を彼らの手中に放任して顧みることがない。なぜなら、彼らは法学の研究こそ、正義の研究、公益の研究であると確信して疑わないからである。

法学者の成り立ち

ここで、法学者を解剖してみよう。今、ここに一人の少壮法学者がいる。彼はまず、多年古典古代〔ギリシャ・ローマ〕、中古のフマニズム★〔中世人文主義〕を研鑽《けんさん》して、法学の研究に身を委ねる。法学通論〔法学百科事典〕、ローマ法階梯《がいてい》〔ローマ法の概説書〕、ローマ法制史、ガイウス★★、コルプースユリス★★★などは、徐々に彼の精神を充たし、学理的抽象的思索に慣らされた彼の頭脳は、こうして法学の根本的知識を探求しようとする。

★中世末期から近世初期のイタリアで興隆した後に欧州各地に伝播した、古典古代を理想視する広範な思想潮流（人文主義）を指すと思われる。代表的な人文主義者としては、ダンテ、ペトラルカなど。現代歴史学における「中世人文主義」概念は、中世における大学の勃興と学問的交流の活発化、いわゆる「十二世紀ルネサンス」の文脈で用いられる。しかし、原著出版の時期には未だそうした議論は行われていなかった。

★★（↓ガイウスの『法学提要』）二世紀中葉の法学教師ガイウスによるローマ市民法の教科書。事例的研究が一般的である中、人・物・訴訟の三分類法を導入して体系化をはかった点で画期的な書物であった。同時代においてはさほど注目されなかったものの、ローマ法の「古典期」（一・二世紀）後の法実務ではその明快さから絶大な人気を誇り、以後はローマ法学の主要テクストのひとつとなる。一八一六年、ローマ史家B・G・ニーブールが全文を発見した。（屋敷監訳、ピーター・スタイン『ローマ法とヨーロッパ』ミネルヴァ書房、二〇〇三年、二一—二六頁）

★★★（↓『市民法大全』）東ローマ帝国のユスティニアヌス帝が六世紀中葉に編纂した、『勅法彙纂』『新勅法彙纂』『学説彙纂』『法学提要』の四部から成るローマ市民法の集成。特に「古典期」法学者の作品からの抜粋集である『学説彙纂』は、十一世紀にイタリアで再発見され、他の三部に比して重要な役割を果たしていく。一七世紀に至るまで『市民法大全』は欧州中の大学法学部で研究され、法学識の中核を占めた。（スタイン『ローマ法とヨーロッパ』四二—四七頁）

ローマ法制史研究の目的は、太古以来経過した法制進化の系統を解するために、必要欠くべからざるローマ法の骨子を知るためにある。ローマ法の骨子は、巧妙なローマ法の建設にあずかり力あった各個の原則および総ての分子である。ところが、法学者が最初からとってきた研究の方針を仔細《しさい》に観察すると、彼らは現今の学校教育によって、その資料を暗誦的に注入されたに過ぎないのである。すなわち、彼はデカローグ〔モーゼの十戒〕から始めてプロクリヤンサビニヤン★にいたるまで、ローマ皇帝の布告を暗誦的に列挙することはできるが、各個の法律観念が、当時における社会の事情、歴史的事実に基づいて経過した純化の理法を解釈できない。したがって自己の習得した学問上の知識によって、法律進化の将来を予測するといったことは、しょせん望むことができないのである。

★（→プロクルス派とサビヌス派の諸学説）いずれもローマ法学「古典期」に登場した二つの学派を指す。プロクルス派が成分法の厳密な解釈と、原理に導かれる一貫した法規範の体系としての不文法を唱えたのに対して、サビヌス派は論理や合理性の追求ではなく、紛争の公正な解決により重点を置く傾向があった。但し双方にとって、現行法の体系的解説ではなく、法実務に現れる事例の検討こそが最大の関心事である点は共通していた。（スタイン『ローマ法とヨーロッパ』二二―二三頁）

記憶術を主とする弊

かのパンデクテン（ローマ法学者の学説および判例集）の研究などは、必ずしも適切なものとはいえない。パンデクテンの研究においては、その実質よりも系統を重んじ、研究の根本目的、すなわち近世の法律をその歴史的沿革の光明に照らして理解させようとする趣旨よりも、むしろ記憶術を主とする弊がある。このようにしていたずらに古代の学者が主張した法律上の意見について、その当否の研究に耽《ふけ》らせる結果、新進の法学者はその頭脳をこれに傾注させ、さらに一層緊要な知識をおろそかにしてしまう害がある。

官吏の候補者が、その研究の進歩とともに修習すべき法学の諸科目、たとえば寺院法、ドイツ私法、ドイツ法制史、商法および手形《てがた》法などは、将来彼らが実地に就くとき、司法実務の形式を案出する基礎となるもので、これを修了したのち、最後の学期に、政治学、経済学、および手続法の研究に従事する。ところが、これらの課程で、法学者の多くは正理を実際的に習得せず、かえって空理空論を学び、人間の生活およびその歴史的発達と少しも関係のない知識を無趣味に暗誦するだけで、人民の法律的観念に帰着すべき法律制度の、由って来るところを探求しない。

法学界は、現行の法律および制度の基礎として、外国の制度および学説の探求を必要とするが、同じく現行制度の基礎として、自国固有の地方的、民族的法律観念および習俗を研究することが、社会の福祉を図る上において一層有益であることを知らない。現行の法制は、結局のところ当の国民のために存在するのではないか。学者はローマ法およびドイツ法が、現行の法律および制度の基礎であるという。しかし彼らは、かつてそれが何人のために存在したものかを問わない。

このように現在の法学教育が固有法律の課程を欠き、あるいは単に随意科としてこれを軽視する傾向があるのは、その制定を甚だしく誤っており、これはやがて法律およびその執行者と、人民との間に、大きな隔たりを生じさせることとなろう。

学んだ学問と実社会との背反

こうした教育の下に養成された法学者が、千変万化、紛糾《ふんきゅう》まさに極まりない官庁の実務に当るのである。彼はいかなる実務に就いても、すでにその初期において失望落胆を免れない。多年研鑽《けんさん》の結果、その頭脳に堆積した巧妙な法律論、哲理的系統は、実地の生活に臨んで少しも役に立たないのである。自己の学問的知識の倉庫を傾けて詮索《せんさく》につとめても、ついに実務に相当する法式と模型とを発見することができないのである。

一面において大学時代、近代の実際生活と何ら関係のない法律上の謎を好んで解釈した時代のように、純粋理論の範囲に逍遥《しょうよう》することができないと同時に、他の一面において、日常生活の現象を適当に判断する素養が欠けているため、結局自己の選択した職業について興味がわかなくなってしまうのである。そしてその反動として、彼は活き活きとした社会生活の潮流に対し、また官吏ではない総ての人民に対し、すこぶる冷淡な態度をとり、その重大な責任が存することに少しも思い至らないのである。

近世のローマ法は、数世紀間にわたって学者の鍛錬《たんれん》を経たものであるが、実は理論の範囲内において発達しただけで、実際的生活の基礎の上に養成されてきたものではない。その結果、われわれは法律が空疎《くうそ》な抽象的知識であって、哲学のような研究を要するものと認識し、俗人は容易にこれを理解できないから、努めて学ぶ必要はないというような根本的誤解を懐くようになった。

自己の習得した学識の力をかりて、社会の法律的生活を熱心に指導できるという少壮官吏の希望は、実務に就くとたちまち雲消霧散《うんしょうむさん》してしまう。自らが選定した職場に関する大きな抱負を、生計の安全をはかる必要のために、いつしか消滅させてしまう彼の心境はいかばかりか。このとき、青年官吏の胸裏に湧き起こってくる、国家の尊厳という崇高な思想は、優に彼を心服させ、国家のために心身を捧げ、思いと行動を賭《と》して、意としない勤務に対し、少ないが確実な報酬として多くの満足を与えつつある。

官吏候補者の試験登用制度は、十九世紀の初めにドイツで施行されたのを始まりとする。もともとこの制度は、門閥の特権、親戚の関係、不徳義な勤務の報酬、官職濫授《らんじゅ》などの弊害を一掃しようとすることを第一の目的とし、それと同時に、多すぎる官吏志願者を淘汰しようと図ったものであって、官職に必要な学識の程度を一定にしようとするのは、むしろ第三次の目的に過ぎなかった。

しかし前述のような目的は、試験制度の施行、学力検定の方法によって、一時にこれを達することができなかった。この制度施行の結果は、何ら高等教育もない人を、単に門閥または親戚の関係によって、司法官または行政官に採用する弊を絶つことはできたが、これらの特権者が、他人と同じ試験に合格したときには、何らの門閥関係も、何らの婚戚《こんせき》関係もないものに比べて、急速な昇進をし、不当な地位を占めることを防ぐことはできなかった。

権力者の保護と有為な人材の不遇

一方、優等な修了証書を有する者が、単にこれを有するというだけで、他の候補者に先んじて、大臣あるいは元老院議長になることを要求できないように、他の一方においては、高等な官職の候補者を選定するとき、卒業証書と関係ない他の資格、すなわち人物のいかんを考慮するほか、また技能、専門的学識、および一般的教育の有無に重きを置かなければならないのは当然のことである。ところが今日の制度は、必ずしも上述のようではなく、重要な職が、実際に技能および専門的知識を有するものに与えられず、往々にして権力者の保護をこうむる者に与えられ、幾多の有為《ゆうい》な人材がその不遇に泣かせられるのはどうしてか。くわえて権力者その人は、自分が周旋《しゅうせん》した官職をまっとうするためには、その官吏にどのような条件が必要であるかすら知らない。しかもこのような権力者の一言の推薦が、いかに卓越した技能も、事業も、功労も、あるいは考案も、これに優《まさ》ることができないとなれば、不公平も甚だしいといわざるを得ない。この場合、官職上の損失を顧みないで、無能な官吏を登用した長官に対して、その選び方についての弁解を聞くと、「やむを得ず」という常套語《じょうとうご》に尽きるのである。見よ、「やむを得ず」という一語の下には、国家の利益すらも度外視されているではないか。

ついに官僚者流と化す

元来、官職というものは、決して前途多望なものではなく、かりそめにも好んでこれに就こうとする者は、いずれも現世において「自我」を放棄しなかった者はいないのではないか。権力者がこれら自己の前に唯々諾々《いいだくだく》とした官吏を統一して、容易にその徒党を作ることができるのは、敢えて怪しむに足らない。今や日一日と増長する国家の威勢に対しては、何人もその光輝に眩惑《げんわく》されないものはなく、弱者はこれによって自己の立脚地を得ようとし、強者はこれをかりて社会を統御《とうぎょ》しようとする。

いったん国家の権力を過信し、国家制度本来の目的を誤解した官吏は、いわゆる官職の威信以外に何ものをも認めず、国家の利益を離れて存在する社会的および文化的目的を忘却し、避けられない結果として、ついに官僚者流と化してしまう。われわれは以下に、官吏の消極的性質が、その奉職中にますます増長し、ただその職務に関する見解が進歩しないだけでなく、無思慮、無頓着、不平、いわゆる属僚気質《ぞくりょうかたぎ》を発揮することが、ますます甚だしくなることを説こう。

官界に感情という語はない

近頃の官界を見てみると、感情という語は、今や全く官房辞書の頁から抹殺《まっさつ》されてしまっている。見よ、冷淡に、形式的に、そして盲目的に国家と称する機関に付着して、車輪のごとく無意識に回転するものは、今日の時勢によく適応して、時とともに昇進するのである。この車輪の本質は、無生無神の一物体に過ぎず、多々の報酬も一層の尊敬も結局のところ人間の価値と交わらぬのはいかにしたものか。もし今日の官界に処して高尚な理想を抱き、無味乾燥な官吏の機械的職務に活き活きとした愛国的精神を鼓吹《こすい》し、あるいは枯木死灰《こぼくしかい》のような法律制度の上に熱烈な脈拍を注入しようとするようなものがいるとすれば、彼は、その上官および属僚的奴隷根性によって堕落した同僚の眼に、官吏の職務を怠り、その本務と何の関係もない事項に心を傾けるものとして、何の賞賛も得られないのみならず、このような意見を口外する勇気を有するものは、往々にして劣等な地位に退けられることを免れない。

官吏のなかには、しばしば官房生活の最後にいたるまで、属僚の感化によってその心魂を腐敗させられないものもいる。彼らはその根底において、常に平民的、人間的感情思想を持っているのだが、平素は極力これを隠して、色にも現さないことに汲々《きゅうきゅう》としている。したがって人民は、時にこのような官吏に接しても、その万事規則的で冷淡な態度を見るだけで、その裏面に燃えるような高尚な理想を抱いて、職務上発表したのとは全然別種の意見および感情を有することに気がつかない。

第二節　官僚と平民的官吏

裁判官も俗吏となる

社会問題を初めとして、その他、人類社会の将来にかかわる大問題について、何人も多大な興味をもって談義の席につらなることを喜ぶだろう。ただ官吏の社会では、膝を交えてこの種の問題を語れる者は少ない。なぜならば、官吏の多くは一意専心、昇級、加俸という、自家当面の問題に腐心するだけで、他を顧みる余地のある者がないからである。

裁判官の場合、彼らは死灰のような法律の原則にしたがって、正理の有無を判断するだけで、人情の前には眼を覆って、心ひそかに自己の地位に対する万全の策とする。したがって官僚は一切の高尚な人情を、小さな主観に惑溺《わくでき》するものとみなし、人生における総ての活動、公権、私権に関する一切の争いを、乾燥した法律上の事実に過ぎないとするだけで、たとえ彼に杓子定規《しゃくしじょうぎ》の域を脱しようとする誠意があるとしても、彼はなお学理の証明をかりなければこれを解釈することができない。彼の職務はもともと至大な自由を要し、しかも時間、形式、期日、次に執行すべき事務などの些細《ささい》な事項を顧慮《こりょ》するために、完全な独立を要する。ところが、彼の平常は、事務の集積に追いまわされ、他を顧《かえり》みる暇はなく、その精神は単に機械的に働くのもやむを得ない状態にある。

このようにして、国家に対する最高の法律執行者は、しばらくその機械的労働に従事したあと、しだいに自分の地位の無勢力に驚き、その任務に対する信仰を失うと同時に、だんだん法律の本旨を忘却し、しらずしらずの間に本物の一個の俗吏《ぞくり》と化すのを常とする。

行政官は行政の原則を知らず、社会の実況に通じない

この点については行政官も同じである。行政官はその修学中から、すでに国家と称する有機体の経営者をもって自任し、かろうじて大学の課程中に発見された政治学の研究に熱中し、さらに卒業に臨んで、一握の経済学もまた修得した。このようにして若干学理上の知識を抱いて国家に奉職すると、彼はただちに官房事務に忙殺され、必要な学科の自修に従うことができない。彼は大学の課程を終えて官職に就き、さらに試補として最後の実地試験（これは

近時諸国で行政官候補の欠乏を補い、かつ少壮法学者の志を行政官に向けさせるための一策として採用された制度である）を経て、ここで初めて自分が選定した職務に必要な能力が欠けていることに気づき後悔するようになる。彼は専心、官庁の事務に従事する結果、行政官に最も必要な社会学、ことに経済学の研究をおろそかにして顧みない。すでに官吏である以上、行政上の理解力を有するものであるとして、行政の原則であるべき上述の学科に対する試験も極めて簡易で、その知識の程度を確かめるに足らない。これに加えて、彼は社会の実況について全然知らない。ことに最近の社会問題の中心、およびこれに対する学説の進歩は、最も顕著であって、俗人は容易に測り知れないものであるにもかかわらず、彼は少しもこれに留意しない。甚だしい場合は、大学の講義録、あるいは簡易必携書の中に収められた卑近で平凡な学説の大要すら知らないこともある。ところが、彼はしばしば、他の熟練した官吏の退職によって、全く独立した権力を委任され、突如として国家の至難な任務を担当することがある。このようにして、彼はますます紛糾混乱を極める経済的、社会的関係の照準器になろうとする。

自己の無知識を隠蔽

彼らは最初から、自分は国家において高等優越な地位を占める者、強大な勢力を有する者、事を採決できる者という観念によって、自ら強められた上、行政官庁の自由裁量に委任された事項を処理するとき、多少の専断を行えるというので、ここに自己の権力に対し、一種の誇大な妄想を起こすようになる。思うに彼らは、この専断によって、その事項について全然無知識であることを隠蔽できるからである。たとえば、農務局長は、土地の開墾に関する最も卑近で簡単な条件、穀物市場のこと、土地改良の価値、村落における地主経済の存立条件などにつき、何の知識も持っていないことを巧みに隠蔽《いんぺい》しなければならない。工務局長は、工業およびこれを支配する原則、国内および外国における生産の種類ならびに状況について、全然無知識であることを厳に黙秘しなければならない。もし職工貧窮の原因、海外出稼ぎの原因、および経済上の弱者に対する低利金融のような問題、およびその他の事項にいたっては、根本的に理解しようとしても、高等学校あるいは大学の講堂では、ついにその機会を得られなかっただけでなく、官庁の記録を閲読し、形式的規則、通牒《つうちょう》、訓令などのすべてを研究することに一身を委ねつつある官吏の境涯では、これを修得できないのは当り前である。

行政官の強烈な自負心

このように非常に困難で責任ある職務の要求と、準備学問および実際的知識との間に横たわる距離があまりに甚だしいため、人生の実際問題に対し、行政官は裁判官に比べて一層冷淡で無責任な態度をとるようになる。かくして、周密な注意と、多大な努力を要する事務を嫌忌《けんき》する傾向があるにもかかわらず、常に社会において権威と勢力と名望とをほしいままにしようとする強烈な自負心に充たされる。現に行われる公法の組織は、一事一物ことごとく行政官庁の干渉、および裁決を必要とするものであるが、行政官はこの制度によって、その職務の使命が非常に高尚であって、困難なことを証拠立てるゆえんのものとせず、むしろ一切の社会的、政治的関係において、自己の行動を必要とするものと認め、その盛大な名望と広範な知識を証拠立てるゆえんのものとする。換言すれば、行政官は国家の何事も、自己の意志および協力がなければ進捗《しんちょく》しないと認め、たまたま一事が自然に発生すると、それは全能たる行政の助力によらず発生したため、ただちに国利民福を進めるものではないと断ずるのを常とする。

このような行政官の見解によれば、国家の人民というものは「事務」を行うことはできるが、「公共的利害」に関していうことはできない。さらに詳しく言えば、人民は一定の形式、順序、および印税の義務を守る限り、特定の案件に関する願書を提出できるが、ある公共的要求を提出し、現行制度に対する不平を発表することはできない。思うにこのようなことは、官庁用十三行罫紙《けいし》によって処分し、正規の模型にしたがって取扱うことができない、換言すれば、これらは結局のところ「事務」に当らないというのである。

立法および行政の手続きにおいて、人民を公共事務に参加させようとする提議に対し、社会の管理者である官吏が、冷然としてこれに答えないとき、世人は静かにこれを傍観するべきか。そもそも官僚を冷淡無責任な執行者にする法律は、紙屑や官房の陰鬱な空気以外のものと調和できるのか。

近代属僚の思想

このように、全く一個の機械と化した人間から、彼が有するただ一つの精神的方面、すなわち全能である国家によって与えられた威勢および命令権を剥奪し、ひからびた法文を小刀細工《こがたなざいく》するような彼のただ一つの業務を奪われたら何が残るか。木偶《でく》でなくて何か。そしてこの木偶こそ、時々刻々その数を増やしつつある恩給者の本体ではないか。彼らがその職にある間は、人生の活気ある問題に対して、浅薄であっても、冷淡であっても、あるいは現実の社会的事業において無能であっても、国家的権威に保護されて、帳簿の城砦《じょうさい》にうずくまり、ゆうゆうと様式、統計表を眺めて安穏としておられよう。このようにして、彼らは自己の冷淡無責任によって、実際には社会百般の進歩を阻害しているにもかかわらず、普通の人民よりは人類の進歩と幸福に協力するものとして認められている。しかしいったんこの仮装的行動の奉職時代を経過した暁には、社会および国家の重大で全く無用な負担となりおおせざるを得ない。なぜならば、職を辞したとの報告を受理するや否や、ただちに彼に静養の俸禄を給するからである。

すべての官吏はその奉職の初めから、現職は若干年間に限られ、生命のない官庁の目的に添うことも、恩給請求用紙の送達を受けた一瞬に消滅することを知っている。そしてこの意識は、彼に、在官中、その職権によってできるだけ実益を拾集しようと企図させるのである。属僚のただ一つの希望は、自己の意向を満足させ、あるいは社会の承認および感謝を受けようとすることではなく、上官の承認、勲章、および賞与、ことにできるだけ迅速な昇級に与《あずか》ろうとすることにある。彼らは、よく働き、よく為すある先進の功労者を越えて立身出世しようと願うものである。したがって、かれらは、勢い機会、推薦、境遇の力をかりて、最も迅速に昇進しなければならない。これが思うに近代属僚の思想である。

官吏に対する謬論妄説《びゅうろんもうせつ》

ところが世間の一部には、官吏の社会がそのような状態にあるのに、国家および社会の利益であるというような謬論妄説が盛んに行われているようだ。論者はいう、官吏は専断《せんだん》によって社会的あるいは経済的政策を施すために存在するものではないと。またいう、国家機関の各車輪は、黙って（あえて無神経と言わず）その任務を尽くすことによって国家の利益とすると。またいう、官吏の活動する範囲は極めて狭いが、各法律命令の指示した域内において正直に勤務することは、やがて一般社会の幸福のために働くゆえんであると。またいう、国家は決して慈恵院ではないから、官吏は総ての妄想（すなわち愛国心、愛郷心、あるいは社会的大事業を行おうとする意向のようなものを指す）を捨て、時代の潮流または人情によって動くべきものではないと。またいう、官吏は自己および家族の個人的利益や嗜好《しこう》、および偏狭な愛憎好悪の念を捨てて、国家の幸福、職務の利益を図るべきであると。要するに、彼ら論者は官吏を国家と称する一大機関の車輪とみなし、自己に命ぜられた職務の形式を破り、範囲を越えて考慮を費やす義務はなく、また権利もないと断ずるものである。

すでに以上のような組織があり、以上のような見解がある。全能的権力を持っている国家が、社会の自由な発達を阻害してまでも、その権力を行使できることは少しも疑いを容れない。けれども、今日眼を覆って奉職する官吏が、ひとたびその官僚的眼鏡を捨て、世界の大勢を見て、現在における国家の施政に対し、最も自由な観察をするならばどうなるか。彼らがその「自我」を犠牲に供するのではなく、なおほかに生存のよりどころがあるという確信を抱くようになれば、その瞬間、かの全能的権力は滅亡する時ではないか。官吏が自己は完全な権利を有し、第一に社会に仕え、第二に国家（思うに国家は社会のために存在するものであって、社会は国家のために存在するものではない）に仕える公民であるという、自覚を有するようになったとき、彼らは初めて国家の恩恵を、十分人民に知らせることができよう。

第三節　官吏の権利および義務

官吏が委任された権利の淵源とその根拠

かつて家産的国家★に普通であった官職の世襲制度が廃《すた》れて、不都合な官吏はいつでも免職することができる任用主義の制度に代わった結果、官吏社会に少なからぬ利益を与え、かつ彼らの権利を一層安全な地に置いたのは、学理上何人もこれを認める。

★「近代」の立憲君主政体においては、君主一族の財産と、財政運営用の国庫財源は明確に区別される。対して「近代」以前の君主政、「家産的国家」においては、君主の家計と国家財政の区別は曖昧である。つまり、そこでは君主の大土地（御料地）所有者としての側面と、国家の主権者もしくは国家機関として側面が未分離のままとどまっていた。こうした「家産的国家」の理論化は、十九世紀の政論家C・L・v・ハラーに始まる。

国家の元首が官吏を任用して、間接あるいは直接に彼に委任した権利の淵源、およびその根拠に関しては、学者の意見はまちまちである。一方の論者は、この権利の基礎が、元首の個人的意志の発表であると断じ、他の論者は、官吏の任命が民法上の相互契約であると主張する。このように官吏の有する権利の根源および基礎はすこぶる曖昧《あいまい》を極める結果、官吏はその国家に対する関係とこれによって生ずる権利義務について明晰な見解をもたず、したがって官吏の国家に対する義務あるいは国家の官吏に対する義務について、相当の標準を欠くということになる。そのために、官吏は往々、当然自己に帰するべきものを、その勤務に対する恩恵または賞与と誤解し、またはこれと反対に、相互の関係上、理由のない報酬を国家に求めることがある。ところが国家と官吏が事を法廷で争う場合には、国庫の利害いかんにかかわらず、これに判決を与えるべき公平な審級を欠くだけでなく、官制上、これらの訴訟を許さないために、官吏はその就職の初めに、予め一切の要求および需要を国家の好意に依頼し、自らその独立を放棄する覚悟がなければならない。

官吏の利益は上官の意向次第

官吏の権利が法律上何らの保証がなく、ただ国家の好意にまつほかないのは、上述の通りだが、その物質的利益以外の権利に関しては、さらに一層甚だしいものがある。国家は自己の権利を規定する場合は、一点の疑いを容れる余地がないまでに厳密詳細を極め、これによって官吏の精力と能力を利用し尽くすことにつとめるが、官吏に権利を与える場合には、自己の専断と好意とに多大な余地を存し、稀《まれ》な場合においてのみ、その利益に十分な保証を与えるに過ぎない。およそ官吏としては、裁判官を除くほか（裁判官はその職務の独立、およびこれに対する責任、ならびに意見の自由に関し、憲法または特別な法律によって保証される）保護律を有するものはなく、その大部分はいわゆる官庁事務の都合により、理由の説明なく随時随所に転任を命ぜられる。このようにして官吏の利益は、一に上官の意向次第にあるのである。職務の内外を問わず、彼らは挙《こぞ》ってその好意を求めることに汲々《きゅうきゅう》とせざるを得ない。その地位が不確実で移動しやすく、われわれがどれだけ善意をもってしても解釈できないのは、国家の官吏に対する待遇である。

その奉職以来、このような状態の下に生活する官吏が、その心身を全く消耗して、さながら一個の奴隷と化し、その全能の命令者であって「パンの主人」である国家の寵遇《ちょうぐう》を求める以外に、公民としての行動をとるべき何らかの気力をもてないのは、むしろ当然のことである。

官吏の一般的義務

官吏の一般的義務、換言すれば、職務の内外を問わず、その一般に執るべき態度および行《ぎょう》状《じょう》に関する義務は、官庁の組織を制定した法規および訓令によって規定され、または官庁の土地および事物に関する権限、ならびにその形式を定める実質的、形式的法律の各条項に記載されている。

官吏一般の義務のなかで、第一に位するものは、その委任された職務を執行するにあたり、自己の善知および善意を尽くし、しかもこれに関して間断なく活動することにある。官僚政治の国において、官吏に要求するものは、その時間と能力を挙げて国務の犠牲に供することで、他に何らの兼業も許さない。少なくとも、いわゆる官吏の威信にかかわるという理由でこれを厳禁するのである。

そもそも官吏の兼業を厳禁した理由は、官吏にその智能および精力の全てを傾けて、専ら国家の目的のために尽くさせようとすると同時に、その非官吏社会との連絡を絶ち、それによって、外界からの影響により国務の進行とその方向を誤ることがないようにさせることにあった。かくして、非立憲国においては、その施政の方針に対する社会の干渉を絶対に絶ち、政治は官房の秘密として行うこととした。しかし、代議政体の国家における純然たる官僚的組織は、時の政府に対する唯一の支柱であって、政党政派に対する秤《はかり》の分銅といった観がある。思うにいずれの場合も、官職を唯一の生活手段とする官僚者流は、あたかも傭兵《ようへい》のように、何人をもこれを買収し、その指揮に従わせることができる。その何人にどんな目的のために奉職するものかは彼らの問うところではない。彼らはただ自己の俸給のために奉職するものであることを知れば足りる。このように国家より受ける俸給によって、自己および家族の唯一の財源とし、他の職業を営むことができない官吏は、勢い「パンの主人」の奴隷にならざるを得ない。彼は時としてその職務が自己の意見、倫理道徳の原則、人間天賦《てんぷ》の感情と正反対であることを知っても、決然と袂《たもと》を払って職を去るようなことは思いもよらない。結局、彼は内心の憤恨を忍び、自身をまげて衣食のために己れを売らざるを得ない。事情がこうであれば、官吏は奴隷的に時の政府に屈従するほか、心ひそかに自己が選択した職業を嫌忌するようになるのは当然である。

多くの立憲国においては、国会議員あるいは地方議会議員の選挙が、このような官吏の内心の衝突、すなわちその天賦の誠意と職責および上官の命令との衝突を生じさせる場合が甚だ多い。なぜなら、各国の政府は、主義として選挙干渉の権を放棄しようとするものは極めて稀であるために、政府の内命は、往々にして官吏の良心と衝突し、しばしばその堕落を誘起するようである。

官吏が時の政府に絶対的に盲従する実例は、フランスである。フランスでは、選挙毎に、党勢の変化がある毎に、否、内閣の更迭《こうてつ》を見る毎に、中央政府ならびに地方庁を通じて、官吏の大更迭があるのは、まさにその証拠である。

第四節　官吏と政論

官吏は政治的意見を自由に述べられるか

官吏の職務上の義務に、いわゆる忠実の義務というものがある。すなわち官吏の元首に対する特殊な忠勤を意味するものであって、彼らはこれによって、その主権者との間に横たわる特殊な関係に基いて、一般人民以上の忠実を要求される。この点について、マイヤーの主張によれば、かりそめにも議会に選挙権あるいは被選挙権を有するかぎり、官吏であっても自国の政府に対する忠実の義務は、一般人民と全く同一でなければならず、時の政府に対する一切の政治的行動を忌避《きひ》する必要はない。官吏は自由にその個人的意見を発表することは許されるべきだと。

この説は、ほぼ妥当であろう。思うに官吏が政治的意見を発表することは、必ずしも元首に対する不忠実とはいえない。そもそも官吏は常に社会の動きに接触しつつ、国家の目的を実行することに参与するのであるから、時の政府の欠点を仔細に観察し、その施政の有害な結果を目撃するとともに、君主ならびに国家に対する誠意を吐露して、自己の専門的意見を発表し、責任当局者として、その行歩を正軌《せいき》によらせるべきであるのは、もとより彼らの職務である。官吏が、自己の国家および主権者に対する関係において、相互利益主義の冷淡な雇用契約にとどまらず、いわゆる「国旗の光栄」のために、全身の誠意を傾け尽くしてその職に当るものであることを自覚すれば、むしろ当然の義務として、一個独立の政治的意見を公表し、適当な手段を使って自説を主張するべきである。

したがって、かりそめにも選挙の際、あるいは他の公共的生涯において、官吏が政治上の意見を自由に発表することは、国家に害ありと主張する者は、官吏がその労力を供給する者にとどまらず、併せてその良心と意志とを俸給の犠牲に供する者であることを知らなければならない。

欧米各国の官吏の相違

今、各国の官制を比較する者は、フランス、スイス、北米合衆国、イタリアと、ドイツ、オーストリア、ロシアとの間に大きな隔たりがあることを発見するだろう。フランスにおいては、官吏は高い俸給を受け、この俸給のために公共生活の大部分に制限が加えられるものの、他の国のようにその官職との間に厳密な関係があるのではなく、官吏に特殊な階級的組織があるのでもない。スイスも大体これと同じである。北米合衆国の場合、官吏は報酬を受けても、その任官は国会の選挙により、政府の命令によらず、法学の専門教育は、その資格として絶対に必要ではない。英国において、官職は多く任意であって、かつ無報酬の場合が多い。たまたま少しばかりの報酬を受けるものがあるが、普通専門教育を必要とせず、ある期間これを担当するのである。ドイツ、オーストリア、ロシアにおいては、これに反して、官吏は俸給を受け、かつ奴隷的に官職に拘束され、自ら特殊な階級をつくり、その報酬は高級者であっても、労力と執務の範囲に比例しないのを常とする。

第五節　官吏黙秘の義務

黙秘の義務とは

官吏黙秘の義務とは、官吏が職務執行中に知り得た事項、あるいは官庁の秘密に属すべき事項を、無関係な第三者への漏洩を許さないことをいう。そしてこの義務は、その奉職中はもちろん、退職後であっても同様に負担すべきものであることは言うまでもない。

官吏がその職務上、黙秘の義務に違反した場合、普通は懲戒罰に処せられるのを常とする。ことにドイツのアルニム法案★では、外交官の秘密漏洩は、特に通常の犯罪と同等に処分することを規定した。

★（↓アルニム条項〔刑法三五三条a〕）一八七六年二月二十六日にドイツ刑法典へと追加され

た改正法規。改正の契機となった訴訟の当事者が元駐仏大使アルニム伯であったことから、アルニム条項と呼ばれている。外交機密文書や指令の遺漏（前段）及び、故意による指令違反や虚偽報告（後段）に対する処罰（禁固または罰金）が規定されている。（R. Frank（Hg.）: Das Strafgesetzbuch für das Deutsche Reich. Leipzip. 1903, S. 472-3）

このように官僚政治の国においては、官吏黙秘の義務に重きを置くのが通例である。官庁の事務を厳しい秘密のうちに保持して洩らさないのは、ある場合においては、国家に利益を与えるのであるが、場合によっては、かえって国家のために重大な禍根となる場合が少なくない。ことに国家がどんなに政治上の秘密を保持しようとしても、事実において絶対的、無条件的秘密というものは有り得ないのである。見よ、国家がどれだけ巧妙なやり方で、ある歴史的事実、あるいは当時の事件を秘密のうちに保持しようとしても、歴史家の熱心で精密な探求は、往々にして各種の記録の中からこれを暴露することを、われわれは日常経験するではないか。

秘密は官吏の口から漏れる

精細な歴史的研究の結果として、政府の秘密（ただしこの秘密は時代の変化と時勢の推移によって、その重要の程度も大いに薄弱となることもある）が、しばしば世人に暴露されるようになるだけでなく、たまたま官吏の選任を誤った結果、この秘密の扉が打破され、国家全体の運命に関する大事実が公衆の前に暴露され、あるいは時機に先だって発表され、そのために重大な問題を引き起こし、恐るべき混乱を生ずることがしばしばある。そのため、高位高官にあてるべき人物は、あらかじめ深甚多大な注意を払って選択し、秘密を厳守すべき時機には、多くの外交上内政上の記録を、厳重な秘密のうちに保ち、決して局外者に知らさない組織が厳しく制定されたにもかかわらず、秘密は往々、官吏の口から漏洩してくるのはどうしてか。

近頃、文明の発達に伴って生じた弊害として、物質偏重の結果、道義が頽廃し、風俗が壊敗して、国家の秘密、ことに軍機を売って己れの利益を得ようとする汚職者が生ずるようになったことは、われわれの再三聞き知るところである。しかも当事者はいずれも小心翼々として、ただひたすら機密の漏洩を憚《はばか》るだけで、一人として起ってその真因を究め、恐るべき腐敗の根絶を企てる者もいない。果ては官吏の選任に際し、その人物の道徳的価値、知能的価値を度外視して、ひたすら機密を守る能力のいかんに重きを置こうとする傾向すら生じている。

そもそも秘密は、ある時代においては大いに必要であって、またその効果があった。すなわち秘密は外国に対して大国としての位置を維持する一つの手段として、しばしば軍隊および兵器弾薬よりも優れた武器として認められ、実質上優勢な敵を脅威し牽制する上で、好個の策略と認められていた。忠良な民は、各自この秘密を厳守する義務がある。

このような秘密に対する国民が口をつむぐ義務については、また論ずる必要はない。ただ、その他の秘密であって、国家がこれを厳守するように人民に強要するものがあるとすれば、われわれは断固としてこれに反対しなければならない。その他の秘密とは何か。国家内政上の秘密である。

およそ秘密というものは、すでにその根本の性質において、消極的、背徳的分子を包含するものである。なぜならば、ある人がある事実を隠して、これを周囲の耳目に触れないようにするのは、相手がこれを知らないのに乗じて、その心理上、物質上、大いに利するところがあろうと欲する場合、これを第三者に知られることを恥じ、または恐れるからである。したがって私法の範囲においても、他人が知らないのに乗じて自己を利する行為は、罰するべきものと認め、刑法では詐欺《さぎ》として破廉恥罪《はれんちざい》に問い、重い刑罰を加えることとしている。

真理と正義は秘密を容認しない

秘密を無形上に利用する行為は、ある少しばかりの例外を除いて、今日では、まだ法律上の犯罪として認められていない。しかしこの事実は、秘密を倫理上背徳の行為ではないとする証左とは言えない。人類は文明的進歩の軌道において、少なくとも刑事および民事の裁判には、絶対に秘密を廃止しようと努力してきた。かくして数百年来、尽力の結果、人間天賦の道徳的感情は、判決を受ける者も、判決を下す者も、またいかなる人民も、真理と正義の前に公然とした態度をとれるようになった。そもそも真理と正義とは一身同体であって、ともに秘密を認容しないものである。

民事裁判所または刑事裁判所において、真実のために行われる闘争は、その勝敗のなりゆきによって、しばしば一個人および一家族の道徳的もしくは物質的存在を決定するものである。したがって、かりそめにも真理を主眼とする者は、これによってかの「虚飾消滅すれば正義行われる」という高尚な原則を実現することができる。

もし民刑裁判の区域から秘密を駆逐したことが、最近の文明の功績であると認め、過去の歴史に対する驚くべき進歩であると称するならば、これは人類の多数に対して一大侮辱を加えたものではないだろうか。裁判の公開は、近代において欧州各国の議会にとうとうと千万言の雄弁を揮《ふる》わせ、博識の哲学者、法学者および政治家をして、多くの奥深い論議を闘わせた問題であるが、その実、すでに古代の蒙昧《もうまい》な原始的人民の間に存在した制度である。かくしていわゆる文明の成功も、実は欧州文明の影響を受けない野蛮人種の間に、終始継続した一制度に過ぎないだけでなく、彼らは一個人と国家との関係を処分するに当っても、また絶対にその秘密を排斥する習慣を有していたのである。

ところでわれわれは、人民の自由、法律の前における各自の平等という倫理的観念が発達した今日において、なお内務行政の範囲内にこのような局量時代〔不寛容な時代〕、偽善時代の遺物が見られるのはどうしてか。これは過去において、国家および政府がその専横《せんおう》な命令および所為について、世の批評と輿論《よろん》とを恐れるあまり、公的生涯のどの場合においても、何ら憚るところなく虚言と偽善とを弄した陋習《ろうしゅう》の遺伝というべきである。

中古、国民の野蛮的慣性と、まさに萌芽しようとしていた宗教的、社会的倫理の法律思想とが、互いに勝敗を争っていた時代には、政府もその反対を恐れて、高尚な内政上の趣意すら、秘密に付せざるを得なかった。このような時代においては、政府が統治上の秘密を守るのは当然であって、少なくともこれを弁解すべき理由があった。しかし今日、立憲国において、政府の一挙一動が国民の代表者に対して責任を持つ時代に、行政上なお秘密の黒幕を用いるというのは、統治者の誠実に対する人民の信用を破壊し、被治者の国家に対する信頼を失うものでなくて何であるか。その最も背徳の甚だしいものは、官吏の身分に関する職務上の秘密、いわゆる秘密の考査表というものと、議員選挙の際における官庁の秘密行動である。

秘密の考査表と選挙における官庁の秘密行動

およそ官吏で、秘密の考査を受けるものは、決して愉快に、かつ平静に勤務できるものではない。彼は職務を行うに当って、自己の精力と技能を傾け尽くしてこれに従うことができず、常にその長官の弱点および心身両面の欠点を推し量ることに重きをおき、果てはそのためにその知力の全部を使い尽くすようになる。彼は長官の弱点に追随してその恩寵を得て、良好な考査を求めようとする。法律は、上官が自己についてどんな考査を下したか知ることを禁じているから、官吏は上官の表情によって、わずかにその暗号を解釈するだけである。事態はこうであるから、下級官吏はみな深い猜疑心を懐き、その態度および動作は極めて決断力に欠け一時のまにあわせとなり、上官に対しては、平身低頭してその鼻息を窺い、阿諛《あゆ》追従《ついしょう》となるのを常とする。

また官庁が議員の選挙に参加する場合、そのいわゆる職務上の秘密というものは、社会の公徳を腐敗させる点でさらに一層甚だしいものがある。かりそめにも政府が、秘密命令、暗号電報、親展の報告その他の手段を用いて、職務上の秘密を固守しようとする習慣を放棄するようになれば、官庁は選挙毎に自己の公平無私を報告し、その際に生じた弊害の非難に対し、一々弁駁《べんばく》〔反論〕を用いる必要がないだろう。まして、絶対的秘密が所詮《しょせん》は一つの妄想に過ぎないのであるから。

およそ秘密を厳守させるには、確固とした主義主張を持ち、すこぶる信用するに足り、金銭上何の係わりもない老成の士であることを要することは、あまねく世人のわかっていることである。ところが官庁が頼んで選挙に関する秘密を委任しようとする所属の機械は、暗黒の経歴と、弾力性のある良心をもつ、道徳上、金銭上実に薄弱な人物を充てざるを得ない。思うにその他の人物は、容易にこのような職務に就くことを欲しないからである。官吏であって道徳上いよいよ柔弱な性を現し、秘密の干渉に唯々《いい》諾々《だくだく》であるならば、政府の信用はいよいよ厚くなり、したがっていよいよ重大な秘密を委託するようになるだろう。しかもいったん政府がいわゆる「別途に使用する」という名目の下にこの輩《やから》の職を失わせるならば、官庁の秘密は、忽然として公然の秘密と化す。かくして彼らに節操のないのは、あたかも売笑婦のようであるのは当然である。

こうして秘密漏洩の悪結果は、多くの場合、奇怪な事実の顛倒を生じ、善良な政府の意志に対してすら、過度の誹謗《ひぼう》をうながし、反対党の武庫に鋭利な武器を供給することになるのである。

秘密は国家行政の大則ではない

職務上の官僚的秘密制度は、今日ただちに改革しようとすることは、もとより不可能であろうが、少なくとも秘密を守るべき事項を制限して、これを真の国家的重大事件のみに限ることは、目下の急務ではないか。そもそも秘密をもって国家行政の大則と考えることこそ、誤解の甚だしいものといえよう。見よ。ある国においては、今や、官庁事務の秘密を全く廃止しようとして、着々実行中である。たとえば北米合衆国などは、バッファローの博覧会★のとき、外交文書を外務省出品館の別室に陳列したが、そのために何の悪結果も来たさなかったではないか。

★ニューヨーク州バッファローで開かれた汎アメリカ博覧会を指す。マッキンレー大統領の暗殺（一九〇一年九月六日）の現場として有名である。開催の意図は、新大陸アメリカの一世紀にわたる発展と進歩を示し、経済的社会的利益を促進することにあった。(Dictionary of American History, 8 vols., New York, 1976)

第六節　服従の義務

服従の原則の濫用《らんよう》は不可

官吏一般の義務として、このほかに上官の命令に対する服従の義務がある。そもそも人間社会が、禽獣《きんじゅう》の生活より優れているゆえんは、ただ弱肉強食の法則だけに依らず、精神上の優劣に基いて、秩序ある生活を営む点にある。下級官吏の上官に対する関係において、かりそめにもこの組織に基づくものとするならば、その服従は絶対的服従ではなく、知能的服従でなければならない。換言すれば、この服従は「年長であっても、人為的階級の低いところに在る者」が「経験に乏しいが、多額の俸給を受け、高級な徽章《きしょう》を帯びた他の官吏」の意志に応じて機械的に服従するものであってはならない。「さらに高等な専門教育を受け、さらに多くの普通の知識を持ち、同種類の官職を奉じて長く、したがって職務上の経験にも深く、これによって各方面における国務の方針を判断する上で、一層の能力と一層の熟練を持つ者」が決定を与え、「比較的無教育で無経験な弱年の同僚」を命令的に指揮する権利を有するものでなければならない。

しかしこのような原則といっても、生ある人間に関する以上、絶対的に確実であるとはいえない。けれども高等官の任用については、この原則に例外を設けることはいよいよ確実であるといえよう。ただ多くの場合、この例外が、「官僚主義のほか、これに類似する『庇護』と称する弊害のため、高等官を選択するとき、天賦の能力、深い研究の結果として修得した能力、多年奉職の経験、あるいは他人を指揮するのに必要な特別な技量をもって標準とせず、門閥、資産、縁故または依怙《えこ》などによって選ぶ」ようでは、そもそも危険の極みといえるだろう。要するに、服従の原則は、みだりに適用してはならないのである。

上官の命令が国家の法律と抵触した場合には、自然、次のような問題が生ずるであろう。すなわち、上官の命令が法律の規定あるいは道徳の原則に抵触し、または法律が刑罰をかけて厳禁した行為を要求したとき、官吏は果たしてその命令に服従する義務があるのかどうかである。

専制政治の時代、あるいは今日なお専制政治を行っている国においては、両者の間にこのような抵触を生ずることはなく、また命令と法律との問題を解決するのに苦しむというような場合が生じることはない。なぜなら、専制政治の国において、上官の命令はただちに法律となり、少しも下級官吏の意志、または信念を認容する余地はないからである。

反言の権利

立憲政体の国においては、極めて曖昧《あいまい》ながら、また危惧《きぐ》の念に駆られつつも、官吏に与えられたいわゆる「レモンストラティオン」（反言）の権利がある。詳言すれば、下級官吏が上官から受けた命令の適法あるいは適当について疑問を懐く場合は、これを申告して上官の再考を乞うことができる権利のことである。しかしながら、一方において官僚政治は、権勢に対する限りなき欲望と、自己の命令の下に人民を機械的に服従させようとする虚栄心によって、この堤防を破壊し去り、官吏社会に虚偽の羞恥心と、虚偽の恐怖心とを注入し、彼らに対して、上官の命令に対する不適法、不適宜、あるいは無用に関する意見を大胆に開陳できないようにする。

奴隷主義は裁判官にも浸透

最近の歴史は、われわれに官吏的奴隷主義、すなわち官吏の受領した命令が、正義公道に背反した場合ですら、唯々《いい》諾々《だくだく》として盲従する主義は、二、三の国に見られ、それが跋扈《ばっこ》するのに最も適当な場所、すなわち行政上官吏が独立した地位をもたず、その身分を保証する憲法を欠いた範囲において行われるだけでなく、裁判官のように正義を保護し、是非曲直を弁ずることによってその職務とする範囲にすら、侵入することがあることを教えられた。しかもある問題において、国家がその当事者である場合にも、この病毒が侵入するのを見るに至っては驚嘆せざるをえない。

裁判官が、上級官庁の命令によって、圧迫され、あるいは国家の利害目的を顧慮《こりょ》するあまり、真理および正義が凱歌を奏すべき判決を左右する実例は決して少なくない。かのフランスにおけるドレフュス事件★などは、その顕著なものの一つである。

★仏軍部内でのスパイ事件と、ユダヤ人大尉ドレフュスへの誤った判決（一八九四年）に始まり、一八九八年、それをめぐって軍部とカトリックを中心とする反ユダヤ主義勢力と共和主義・

世俗勢力との対立が激化し、第三共和政に危機をもたらした事件。最終的にはドレフュスの冤罪が証明され、事件は落着し、左翼及び共和主義者たちが勢力を伸ばした(一九〇六年)。(西洋史辞典)

第七節　官吏の物質的権利

官吏の俸給

官吏の物質的権利とは、官吏が職務のために支出した立替金の弁償、および俸給を指すもので、なかでも俸給は重要である。そもそも俸給は、一面においては、官吏がかって専門教育を受けるために投じた資本の価値と、委任された職務の範囲および責任の大小軽重とに準じ、他面においては、官吏がその身分に相当する生計を立てられる必要に応じて量定した職務執行の報酬である。したがって報酬は、ただ官職が高まるに従って増加するだけでなく、勤続年数とともに増加するものである。ゆえに増俸は、ある意味ではその選定した業務を長く固守してかわらないものに対して設けられた一種の懸賞といってもよい。

官職が創設された初期には、官吏は報酬として現品給与を受け、官有財産による収益の分配を得た、あるいはその職務行為について手数料を徴収することができたが、この制度は時代の変遷にしたがって推移し、専売、印税に関する二、三の行政部類を除くほか、一般の租税によってその経費が支弁される行政は、あたかも無償の観を呈するようになった。

官職と官吏の激増

この新制度は、新しい官職の増加を防止する上に与《あずか》って功があるようだが——思うに新しく設置する官職は、常に国家の歳計予算上において、現存の項目を圧する新項目となる——その実、全く正反対の結果を免れない。なぜならば、近代の国家は、相互に極端な模倣を行うものであって、毎年、司法行政上、ますます新規で複雑な制度および形式を設け、それによってできるだけ社会および私設団体の自由を拘束しようとする結果、絶えず官吏の増員を行う必要を生じ、そのため経済的、社会的発達に最も必要な巨額の資金を吸収し尽くそうとするからである。

従来の行政機関以外に、さらに新たな行政機関を設置する必要はないのに、各国の政府が競ってこれを設置しようとするのは、結局すべての行政改革の根本義が、国家的共同生活の原則をなるべく簡単にし、かつこれを統一しようとすることにあるのを忘れ、些細な改革を行う場合でも、ただ行政機関に新式の車輪を配置し、官吏軍に新規の分子を加え、さらに新規の職務を設けることが唯一の目的のように考えるためである。しかもこの場合、彼らはかって、革新の価値が、新制度の施設に要する費用と、相償《あいつぐな》うものであるかを顧慮したことはない。かくしてますます新規の官職を設置し、ますます多くの官吏を任用しようとするのは、近代国家の間に流行する一種の熱病であって、その結果、彼らは国家機関の膨張と、これに要する費用の総額で、文明の程度、世界における国家の地位を測定する標準であるかのごとく考えるようになった。こうして、第二のミリタリズムス、すなわち官僚的軍国主義は、近代の国家において、日一日とその重きを加え、人類の生活を圧するようになり、今や本来のミリタリズムスに比べて、少しも劣るところはないようになった。

かくして各国民がいわゆる武装的平和の戦慄すべき結果を見て、長大嘆息を洩らしながら、なおかつ軍備のために幾億万円を支出すると同時に、官僚的軍隊およびその需要のために、同じく幾億万円を消費しつつあるのを知らないのはどうしたことか。この点に存する危険がさらに一層甚だしいゆえんである。

予算増加について守るべき原則

大学教授のマックス・ヘッケル★は、コンラード政治学彙《がくい》★★の中で、俸給および俸給政策論において、国家が新規の官職を設置し、その俸給のため予算の増加を来たすことについて、守るべき原則を説明して、

「俸給制度の要点は、国家の官吏に対する要求、および彼に委任する職務と、支給する俸給との間に厳正な権衡《けんこう》を保たせることにある。国家は実際の必要以上に、官吏を任用しないと同時に、任用した官吏には、十分な俸給を与えることを要する。官吏の数が多いからといって、職務に良好な成績をあげる保証はない。堪能な官吏を得て初めてこれを望むことができる。ただ堪能な官吏は、十分な俸給によって集めるよりほかに道はない。不十分な俸給で雇いに応ずるものは、無能者もしくは、他の業務においていったん失敗した者に過ぎないだろう。官吏の社会的威信、および外形的栄誉は、彼らの社会に大きな効果を現し、そのためにわずかな俸給の欠を補うことがあるのは、当然のことである。しかし、官吏に真にその職責を尽くさせようとするならば、まず普通の程度に自己および家族の生計を安固にさせ、しかも自己の勤労の価値に相当する俸給を受けているとの確信をもたせなければならない。」

★ M. v. Heckel（1869-1906）独の財政学者。ヴュルツブルク大学私講師の後、ミュンスター大学教授。自身も執筆に加わった『国家諸学教科書叢書』の編集を担当。

★★（→コンラード編『国家諸学中事典』）J. Conrad（Hg.）: **Handwörterbuch der Staatswissenschaften. 2. Auflage. Jena. 1898-1901.**

定額俸給、時間給（その勤労の実価いかんは問わず）の制度は、今やほとんどすべての官職において採用され、公証人のような極めて少ない場合においてのみ、官吏は直接、職務の相手より、手数料の形式でその勤労に対する報酬を受けるに過ぎない。

定額俸給制度の利害

この制度は官職によって、物質的利益の不公平な分配となり、職務上の手数料を専横《せんおう》に計算する弊に対し、人民を保護する点において、幾多の長所がないわけではないが、自然の結果として、多数の官吏は、そのため多少その気力と勤勉とを失うようになる。思うに、官吏は、定額の俸給を受けることは確実であるが、一層の勉強をして一層の報酬を受ける見込みがないから、しらずしらずの間に冷淡、無責任に流れることが多い。国家の官職においては、非常な勉強も、優秀な技能も、全然無益であって、その昇級は、階級制度において精密に規定された若干の奉職年限を経過しなければならない。このようにして官吏が一種の睡眠症に罹《かか》り、とりとめもなく定期昇級の順序を待つようになるのも、まことに怪しむに足りない。

第四章　官僚政治と法律的生活

法律とは何か

われわれは、ここに官僚政治の社会全局にわたる現象を説明しようとするのであるが、その根本の基礎を論究しなければならない。そもそも官僚政治の淵源は、国家における法律の組織にあるのである。

サヴィニー★の説によれば、「法律は元来、本体が存するものではなく、ある眼目から観察した人間の共同生存」にほかならないのである。この説によれば、法律は、国民的気質の発現であって、共同生活の関係を整理する必要から、各個人に対し、同等の権利を分配しようとして起こったものに過ぎない。換言すれば、法律は、現社会の感情および思想の反映である。要するに、法律は人民の自然的思考の成果、すなわち常識の結果であって、その社会が有する知能的価値の度量衡である。

★F. C. v. Savigny（1779-1861）「歴史法学」派の創始者であり、近代ドイツ法学の祖。ベルリン大学教授。主著に『占有権論』『中世ローマ法史』『現代ローマ法体系』など。（NDB）

そもそも社会の精神的、倫理的、法律的生活は、一種の不可分のものである。もしわれわれが、ある国民の法律制度を、孤立的現象として観察することがあるとすれば、それは法律の特徴および真価を度外視するものというべきだろう。このような誤解の結果は、法律生活と何の交渉もない一つの法律を生ずる。すなわち、抽象的、絶対的法律である。しかしこれらの法律は、結局、没理的思想に過ぎない。なぜなら、法律は人類のために存在するものであって、人類は法律のために存在するものではないからである。ゆえに法律の真価を測量する唯一の標準は、一般社会の感じた必要の程度、およびその法律の効用いかんにあるのである。

法律の定義

官僚的国家制度と社会における法律生活との関係を論ずるに先立ち、法律の基礎、すなわちその意義について考える。ルドルフ・イェーリング★の説によれば、法律という観念のなかには、実際的観念、すなわち目的という観念を含み、目的という観念のなかには、究極の目的と、これに達する手段を包括している。そして法律は、この目的と手段を併《あわ》せて決定しようとすることにほかならない。

★R. v. Ihering（1818-92）独の法学者。ドイツ各地で教職を務めた後、ゲッティンゲン大学教授。ヴィーン大学での講演を基にした作品『権利のための闘争』は有名。（NDB）

一個人の立脚点から観察すれば、法律の目的は、多数の同輩が同様な希望に対して、同時に逢着したとき、各個人に、精神的・物質的幸福の最多額を得させることにある。社会の立脚点から観察すれば、法律の目的は、できるだけ個人間の紛議および闘争を避け、人間生存の理想に向って進もうとする同時的、調和的希望を容易にすることにある。

平和は法律の目的で闘争はその手段

権利のためにする闘争は、全く避け止めることができない。イェーリングは言う、法律という観念の下には、二つの矛盾した思想、すなわち平和と闘争とを包含する。平和は法律の目的であって、闘争はその手段である。およそ世界において、法律と権利とは、常に闘争によってこれを擁護し保存することができる。どんな法律の規定も、これに抵抗しようとするものに対しては、これを承認させるための闘争を要し、国民のものであると、個人のものであるとを問わず、およそ権利はこれを維持しようとして間断なく防御の準備を要する。そもそも法律というものは、決して純然たる抽象的架空の観念ではなく、その大部分は、有形的実力の観念である。これは法律を象徴する女神が、一方に正義の秤を持ち、一方に剣を提げて立つゆえんである。秤のない剣は、凡庸な有形的腕力に過ぎず、剣のない秤は、法律の無気力な頽廃状態にほかならないからである。

国家の人民に対する背反

このように、法律は、不正不義に対し、間断なき戦闘を必要とし、国家、個人、および個人的団体は、いずれも共同の利福を擁護するために同盟して、この戦闘に参加しなければならない。この場合、同盟者の結合が強固で、かりそめにも反間〔スパイ〕あるいは売節《ばいせつ》〔裏切り〕の行為があってはならないのだが、われわれは前三者のうちに、往々にして国家がまず盟約を蹂躙《じゅうりん》する事実があるのを見て、嘆かざるを得ない。見よ、同盟の戦闘がまさにたけなわであるとき、国家は神経興奮の結果、しばしば本来の目的を誤り、自ら不正不義を撲滅すべき任務を忘れ、同盟者すなわち良民の利益の範囲にまで、侵略の鉾《ほこ》を向けようとする。

これは結局、国家の代表者として法律の執行に従事する者が、国家の威力を過信し、かつ自己は第一次に国家の一員であり、第二次にその官職に在るものであることを忘れた結果である。国家の人民に対するこのような背反は、やがて個人および社会に、国家の誠心誠意を疑わせるようになり、人民の国家に対する猜疑心は、彼らに、権利防衛に冷淡にさせ、あるいは国家の助力をかりずに権利の均衡を保とうとする傾向を生ずるようになるだろう。こうなると、まず法律の存在およびその任務に対する恐るべき破壊と顛倒を来たすことになる。

新法律と人民の関係

法律を創造するものは、その末条に掲げた施行期日の到来とともに、その法律が実際の生命を有するようになったものと誤認することが多い。もちろん、この場合、法律は形式上成立するわけだが、その実、紙上の生命を保つに過ぎない。新たに法律が発布された場合、人民の九割はその存立ならびに効用を知覚せず、ひとたび法律の規定に抵触して、初めて意外の感に打たれ、驚愕の念に堪えられなくなる。世人は人民が法律を知らない原因を教育の欠乏に帰するが、かの天則のようにある種の規則については、最も無教育の人民であっても、よく知っているではないか。また山間の住民は、最も卓越した気象の観測者であり、これは彼らが自然に会得した気象の原則は、年々歳々変らないからではないか。

したがって、かりそめにも新法を制定し、あるいは現在の法律的制度を変更しようとするときは、すこぶる慎重な態度を要する。つまり、従来の関係に基き、多くの経験を重ねて建設された過去の歴史的法律と、新たに創造された法律と相矛盾する場合には、たとえ、新法が理論上いかに完全なものであるにせよ、その奏効は不確実であって、すこぶる危険であるから、なるべく立法機械の運転を中止して、その製造物を各方面から精細に検査することを要する。立法機械の急速な事業に伴う危険については、当事者も知らないわけではないが、彼らはたとえ、立法的試験の結果が良好でなくても、適当な時機にこれを修正もしくは補足すれば、多大な不幸を醸《かも》すことはなかろうと信じるから、危険と知りつつこれを敢えてするのである。この場合、彼らは考える。ある規定を追加し、あるいは修正し、そうでなくても、施行細則、通達、裁決などによって、これを補充すれば、新法は辛うじて世態に適合するだろうと。けれども、これこそ立法的生産過多によって生ずるゆえんであって、近代の国家における立法上の官僚政治にほかならない。

官僚政治が好んで立法的装飾の変更を行おうとする結果、国家は果たして経済的生活の上に損害を蒙ることがないのか。社会的、経済的生活の一部が、ようやく現行法規に適合するようになり、社会的、法律的関係が、長い経歴と現行法によって整頓した河床を円滑に通過しようとするや、官僚主義の立法機関は、たちまち猛烈な低気圧を下し、暴風洪水を起こして、事物自然の進行を妨害し、公私一切の利益を停止させ、ひいては社会の福利、文明の進歩をも阻害しなければ止まない。

およそ社会および国民の生存には、現行法に対する社会革新の必要、あるいは現行法に対する新法理の衝突を免れることができないものであって、そのために生ずる国家の惨害《さんがい》、および倫理的、経済的衰退を避けることは到底できない。すなわち、どの社会あるいは国家においても、過渡時代、恐怖時代にこれが存在したように、成文法の生存中においても、その一転機の生起を免れることはできない。したがって、文明国民の社会的組織に対する真摯《しんし》な改革運動は、いずれも猛烈過激に行われざるを得ない。かの奴隷制度や農奴《のうど》組織の廃止、宗教改革、信仰自由制度の樹立、所有権関係の変更などに照らしても、新法の成立に対しては、反対者の気勢はすこぶる猛烈であって、とうてい尋常の方法では、これを発布できない。しかもこのような重大な場合に際して、現在の状態を変更するについて、自ら時勢を造るからとして、立法者は改革に対して何の困難も感じない。思うに改革自身は、時勢におくれた陳《ちん》腐《ぷ》な法律制度を破壊し去ろうとするからである。

法律の根本的変更は万人が必要と認めるとき

およそ法律の根本的変更は、万人が必要を感じるのでなければ、いたずらに立法の学理によって、多数の国民の法律思想を指導し、新しい針路に向かわせようとしてもとうてい不可能である。社会的改革に伴う惨害が、官房的に案出された新法律によって最も甚だしさを極めたのは、一七九一年五月三日におけるポーランド憲法の運命★に照らしても、火を見るより明らかである。国民の社会的、法律制度に対する慎重な確信は、官僚政治的立法機関の助力に依らなくても、十分に行われるだけでなく、官僚者流の案出による一時的法律の廃止に伴って、ますますその度を強めるものである。官僚者流が官庁の卓上で案出した法律は、一時、機械的に人生を処理できるけれども、独立して人生を興奮させ、または改良することはできないのである。

★国王スタニスワフ・アウグストと改革派政治家イグナティ・ポトツキらによって秘密裡に準備された立憲君主政的憲法案は、一七九一年五月三日に議会内の守旧・反対派を武力で威圧することによって可決された。しかし、憲法に反感を抱く守旧派大貴族が招きいれたロシア軍が翌年五月十八日にポーランド領内へと侵攻することにより、改革派政権は一年程で崩壊した。この戦争後、第二次ポーランド分割が普・露間で行われることとなる。(加藤・水島共訳、ステファン・キェニェーヴィチ『ポーランド史1』恒文社、一九八六年、三七七—八七頁)

政府の要路に立つ保守党は、現行制度の変更を熱心に希望する党派を目して、破壊党とみなすのを常とする。しかしながら、事態の真相を穿《うが》てば、立法機関を運転する当路《とうろ》の官吏こそ、急速かつ軽率に法律、特に経済に関する法律を変更して、現在の秩序を撹乱するものであって、自ら破壊党の役目を演じつつあるというべきだろう。

法律が、官僚あるいはその法律に利害善悪の関係ない党派の事務室で作られる以上、どんなに有益で合理的であるにせよ、国民全体の同情を集めることができないだけでなく、少なくとも冷淡な官僚政治の産物として看過《かんか》されるだけであろう。

官僚的立法機関は、法制の刷新に際し、形式的法律の改革を先にし、世間非難の中心である根本的法律にいたっては、事態重大で容易ではないとして、これを改正しないことが多い。彼らは、快刀乱麻を断つような手腕で、社会組織と密接な関係を有する制度を切断し、綴り合わせ、補足することはできず、得意の小刀細工を弄して、ひたすら、進歩的立法によって国民の幸福を図りつつあるかのような態度をとろうとする。

威権を標榜する官僚的立法者

近頃の法典編纂および立法事業は、学理的法律に通暁した人の手に成るものであって、世態人情に精通してはいるが、学理に堪能ではない人を軽侮《けいぶ》し排斥する傾向がある。しかも社会がこのような法典編纂および立法事業に対し、過度の尊重を払うのはどうしてか。

そもそも立法事業は、理論家すなわち素養ある法学者が、法律の学理、およびその主張にかかる哲学の大綱に基いて、骨子を構成し、その後、実際家がこれについて実地の討論と調査を重ね、その枝葉を作成するのがよい。なぜなら、実際家にかぎって、法律の各条項が、果たして国民生活の実情、ことにその経済的、知能的実力に適合するか否かや、また旧法を廃して新法を施行することが、果たしていわゆる角《つの》を矯《た》めて牛を殺すようなことがないかを、正確に判断できるからである。ところが事実はこれに反し、法律の大綱は、たとえ、権力者の臆断的製造から出たものでなく、社会が真にその制定を必要だと感じたところから出たものであっても、立法的機関を操縦する当局者は、その制定に対して、必ず自己の威権を標榜《ひょうぼう》し、少なくとも、その形式的編纂において、その勢力を保全しようとするのが常である。換言すれば、この場合、新法制定の計画が、私利私欲を営もうとする彼らの野心から出たものと、あるいは社会の熱心な要求から出たのと問わず、官僚的立法者は、その制定の際、必ず自己の威権を標榜する。このようにして彼らは、自己の編纂局に下付した法律の粗成品を、官房の中の緑卓によって社会から隔絶し、こつこつとそれらの事項の形式的工作に着手するのである。

錯雑する法律に専門家も解釈に苦しむ

見よ、官僚的立法機械は、今や最初の大綱に基いて、まさに運転を開始し、与えられた基礎の上に、最も紛糾錯雑した混合物を加えようとする。彼らはあらゆる細末の事項、万一の場合、多くの疑惑を収集し、ひたすら白面上の黒点、直線上の曲点を詮索し、法律の誤解を予防するという口実の下に、細末にわたる無数の附録を追加し、そのために事理を明瞭にすることもなく、かえってますます曖昧のうちに葬り去ろうとする。このようにして、法律の適用を明瞭かつ容易にしようとして制定された附録は、さらにこれを説明する附録を要するようになる。今これを発布実施後の経験に照らしてみると、人は多く条章、条項、引条、通則（実はそれ自身すでに例外である）、例外などの海の中で方向を失い、幾度も矛盾の台風に苦しめられ、その各項は、またさらに他の法律全体と交錯して、規則の三角塔をなし、その先端上に置かれた人民は、いかに多年法律の研究に従事し、間断なく法文にたずさわり、胡桃《くるみ》のように迂回《うかい》錯雑した思想に慣熟したものであっても、その方向を発見することができない。

かくして必然の結果、当世、法律の変幻極まりない迂路を知る義務はない社会は、かの立法機械師の作った、文章・記号ともに、あたかも梵語で記述した経文のように、全世界を通じて少数者のほか、何人も理解できないような、晦渋《かいじゅう》空疎な法律の遵守を強要されることになる。見よ、官僚的立法機械師の手で制定された法律は、驚くべき幾多の条項を持ち、あらゆる疑惑を予想して、外観はすこぶる荘厳を極めているが、惜しいかな、一つの必要条件を忘れた。一つの必要条件とは何か。このように錯雑した規定を修得するためには、人民においてすこぶる複雑な記憶法を要し、少なくない時間と労力とを要する。しかも政府は、この消費に対し、人民に損害賠償を与える規定を忘れたのである。

立法者の眼中に民衆はない

元来、官僚政治の弊として、立法の基準を一般人民の上に置かず、秀逸な人物だけを基準として法律を産出する傾向がある。そして可憐な民衆に対して言う。お前たちは法律を得たが、これを理解しようと徒労してはならない。思うに、法律の奥深い秘密は、とうていこれを体得することはできないと。事態がこのようであれば、社会はどうして法律に依頼することができようか。かの法律を知らなければ何人といえども容赦しないなどということは、そもそも立法的官僚政治の虐政《ぎゃくせい》ではないか。これに加えて、これらの立法上の謎を案出するとき、一個の機関が担当するだけでなく、多くの場合、数個の分子がこれに加担するという事情がある。すなわち議会は法律を議決し、中央政府は法律の施行細則を発布し、さらに県知事はこれらの規則を明瞭にするために内訓を発する。このようにして法語権限の曖昧、法律不知などの結果、近代社会が、官庁およびその制定にかかる法律に対して、ほとんど信頼の念を懐かないようになったとしても、決して偶然とはいえまい。

近代の立法に対する上述のような非難、すなわち立法に際し、政府が社会の自治的精神および天賦《てんぷ》の法律思想を取り計らおうとしないという非難に対し、世にはそれが欺きの言であるゆえんを弁明するものがないわけではない。論者がこの非難を反駁しようとする根拠は、思うに国会には国民の代表者で、しかも世故人情に通じた実際家がおり、逐条《ちくじょう》審議の結果、官僚者流の準備した法律案の実体および形式を審査するだけでなく、これを国会に提出する以前には、委員の調査、諮問《しもん》およびその他の方法で、人民に草案の大綱および枝葉に関する意見を発表する機会が与えられるという点に存する。しかしながら、このような反発は、現在の事実に照らして立てた前述の批評を覆《くつがえ》せない。

議会に周密な審議の余裕はない

ひるがえって、当世の議会の行動を観ると、党派的闘争が今やその頂点に達し、人種的、社会的葛藤はまたその極端におもむき、激甚な人心の興奮は、元来沈静で剛毅の聞こえ高い議員をすら、しらずしらずの間に紛争の中に投じ、法律の成分に関する可否の問題などは、とうてい留意する暇などないのである。法律の基礎に関する当否の判断においては言うまでもない。議会においては官僚の製作にかかる粗製品を、社会の実況実情に参照する余裕などないのである。

現時の議会は、年々歳々ほとんど陳腐に属する一様な政治的非難を繰り返し、議員はいたずらに饒舌《じょうぜつ》を弄《ろう》するものの、まるで寄席《よせ》芸人にも等しいのである。こんな事情の下で、どんなに重要な法案も、委員会あるいは総会が必ず一束に取り扱うのを例とするから、とうてい周到な審議をする余裕などない。

もし、ある法案に対する国民の意見を聴くために、委員会を組織し諮問し、照会を発する場合は、適当な方便であるに相違ないが、いかんせん、そのことすら現在においては、法律専門の社会に流行する官僚政治の臭味を帯びるので、とうてい充分な効を奏することはできない。なかでも、当業者および下級行政庁に向って発する諮問事項などは、必ず甚だしい迷《めい》妄《もう》の意見を伴うのが常である。すなわち当業者および下級行政庁は、法律の趣旨ならびに大綱を論評ができず、真の文章および細目にいたっては、これを編纂するのに最も適当な官吏の手に一任すべしというような事項となってしまう。

地方官庁の無責任な答申

官吏がかの形式一片の俗務に忙殺され、常務の処理すら渋滞がちな行政庁では、中央政府から新規の法案、あるいは現行法規の欠点についての諮問を受けても、あるいは格別な理由もないのに旧法を非として新法を可とするような単純な答申をし、あるいは管内人民の意向についても、極めて皮相浅薄で曖昧な上申をするもののようである。元来、官庁の執務は、すべて機械的、形式的であって、その繁忙《はんぼう》もまた人力に及ばない程度であるのが常である。したがって、法案に意見を付すような任務も、他の重要案件とともに、これを書類箱の底に埋めて顧みない。中央官庁の督促による答申期限の経過によって初めて、忘れていたことを想い出すだけである。かくして地方官庁は、あわてて答申書の起草に着手、管内人民の意向などは、空中より取り出して案出せざるを得ないのである。思うに真に法案の適否を判断できる当事者の意見を実際に聞こうとしても、すでに期限が許さないのである。事態がこうであるから、管内人民の法案に対する意向の調査を命ぜられた地方官庁もしくは直接利害関係のある当事者が、どうして法案のできるだけ簡単明瞭な編纂を中央官庁に向って希望できようか。

自治団体の役員などは、官吏に比べれば、官僚的疾病に犯されることがやや軽く、人民との接触が頻繁なので、ある法案に対する利害関係者の意向を調査する上で、多大な便益を有するようであるが、実は彼らも、また官僚的模型主義、無味乾燥な形式主義の病毒にかなり感染しているので、とうてい精密で有益な報告をすることはできない。なぜなら、彼らの報告書というものは、実は、輿論《よろん》の反映ではなく、彼ら役員が空中から捕捉してきた空想にほかならないからである。

外国の模型の安易な借用

このように立法上における官僚者流のはびこりと、社会のこれに対する無力とは、新法の成立に際し、言語道断の悪弊を生み出すのである。見よ、無心な社会が信じて、法律製造の専売特許権を与えた法典編纂官は、新規の事項について法案を製作するにあたって、自国の立法的記録中より、既成の模型を発見することができず、進退極まったときは、いわゆる類例を他国に求めて、既成の形式を借用しようとする。すなわち、彼らは自己の製作に依託された材料をもって、自国の人情、風俗、地方の状態と根本的に相容れない外国の立法機械にかけ、強いてその窮屈な枠の中に押し込めようとするのである。

第五章　官僚政治と経済的生活

第一節　営業者としての国家

官僚者流経営企業の特徴

近代各国における官僚的政治機関の経済的生活に及ぼす影響が、どれだけ大きいかを適当に判断するためには、当然、国家自身が産業者である場合について観察せざるを得ない。

そもそも官僚者流が独立企業として資格がないゆえんのものは、国家が現代の状況において、一切の大規模産業に必要欠くべからざる企業心および発明力を持たないところにある。国家の機関は多く受動性機関に過ぎず、その運転は極めて緩慢であって、実際何事も発明せず、また発明できないのである。そしてこの機関は、警察的処分によって、わずかに人民を制圧するのに最も確実な方法を検討することについてだけ、その発明力を発揮できるに過ぎない。今その一例を挙げれば、消費税の徴収に際し、政府が国庫の利益を確保しようとして、国家はその官僚的機関師によって、課税物件である流動物を量定する時計を発明したことがある。しかも国家はなお往々にしてその発明力が劣等であるため、一私人の発明家によって、その発明を無効にするような巧妙な方法を発見され、そのために空しく失望落胆に終わることが少なくない。

かの主として国家事業に属する陸海軍の武器においても、その主要な発明は、文官的・武官的官僚者流の頭脳に育まれたものではなく、軍神は常に個人の発明的精神によってその贄《にえ》を奉られつつある。火薬は一僧侶の発明であり、ダイナマイトは温良なスウェーデンの平民ノーベルの発明である。パリ攻囲の当時、国家の軍事行政は、個人の発明力を蔑視するあまり、その材料を使用したがらなかった。船舶螺旋器《スクリュー》の発明者セーワージュなどは、国家のために負債監獄に投ぜられ、のちついに精神病院に収容された。電話のような文明の利器も、国家が使用するようになったのは、世間で実際に使用されたよりも遥かに後のことであった。要するに、国家は、広範な知識、技術的な経験を持つ人物を、その官房に網羅することができない。したがってたまたまこのような人物の任官を見ることがあっても、国家は全く無意味な機械的工事を担当させるに過ぎないため、彼はその俗務に没頭して、ついにその才能を発揮できずに終るか、あるいは官庁的束縛の苦痛に堪えず、民間に逃避するか、その二途の一つしかない。

かつて、アントワープで発行されるベルギーの日刊新聞『ル・ブレキュルスール』は、「官僚主義」という表題の下に、無名の一投書を掲載したことがあった。その論文は、国家およびその官僚者流の系統が、発明の価値をその功績にしたがって評価する途を知らないことを痛論したものであって、一、二の実例を挙げてその証左としている。

私の知人に道路および橋梁の建築技師がある。彼は非常な勉強家であって、異常な発明的才能と、卓越した技術を持ち、夕方、公務の余暇をコーヒー店で消費するかわりに、その職務に関する各般の実際的、技術的設計について、専らその意識を集中しつつある。その設計が有益で有用なことは、彼が展覧会その他で一等賞を授与されたことがあることからも明らかである。しかも彼は多くの場合、自己の設計を無報酬でその所属官庁に提出しつつある。すなわち、彼はこれによって自己の選択した業務により、祖国に貢献するところがあろうと欲しただけに過ぎない。ところが彼の長官は、これらの設計を審査して中央政府に報告すべき義務を持ちながら、新規の発明に遭遇する毎に、このような卓越した人物を自分の部下に有することを誇りとせず、かえって嫉妬、猜疑の念を暴露するのはどうしてか。ことに、ある上官などにいたっては、新設計の発明者である技師に対して、「貴官は無用の新思想を有する」という嘲弄を敢えてするのである。

と。かくしてこの論文の起草者は、その結論で断言して、「すべて官僚者流は、未来永久、少しも進歩発展するところがなく、終始現状に止まるのである」と。まさに、かのヴォルタ★のような、エジソンのような、あるいはマルコーニ★★のような者は、決して当今の官僚者流の中に現出することはないだろう。なぜなら、官庁部内にあっては、どれだけ才能秀逸な偉人の精神も、その萌芽の当初において、これを蹂躙《じゅうりん》されて終るだろうからである。

★ A. Volta（1745-1827）伊の電気化学者。ヴォルタ電池の発明者として有名。電圧単位ヴォルトは彼に因む。（人名事典）

★★ G. Marconi（1874-1937）伊の電気技術者・発明家。無線電信装置を発明し、欧州各国への普及に尽力した。一九〇九年、ノーベル物理学賞受賞。（人名事典）

官営企業の欠点

経済界における官僚者流の行動は、全く競争者がいない点に一大欠点がある。そもそも競争は、社会および一個人を進歩発展させる上において、最も肝要な原動力である。ところが政府は、人民に対して、その意志、その労力を強制的に貫徹させることができるから、自己の活動場の中においては、競争者を恐れる必要はなく、また個人あるいは個人組合のように、かろうじて営業をしつつある者、さらにはかなり営業をなしつつある者が遭遇する失敗あるいは災厄にいたっては、容易にこれを予防できるのである。ゆえに国家的産業は、決して個人的産業の模範としてはならない。国家の産業は、全く特殊な条件で運転しつつあるものであるからだ。

そもそも国家が工業的生産事業の範囲に向って、過度の侵略を試みるのは、一種の社会的危険を生む原因にほかならない。見よ、経済的恐慌時代には、私人の企業者は、悲惨な災厄を避けるため、適当な時期に、生産額および労働者を制限する策をとれるが、国家にいたっては、災厄の発生した後も、なおその官僚的機関に制限を加えることができない。かくしてますます微弱になろうとする国家の歳計予算は、ますます負担を重くし、ついには経済的および財政的状況に過度の動揺を生じさせるようになるだろう。

これに加えるに、各種の経済的部局における長官は、頻繁に更迭されるのを常とするから、官僚的政治機関の指揮監督の下は、不慮の経済的損害を被ることが決して少なくない。このようなことは、私人の事業において極めて稀に見るものである。長官がようやく管掌する事業の実況に通ずるようになると、彼は、官庁の都合で、しかも往々にしてその事業の発達いかんに少しも関係のない理由によって、他の官庁に転任を命ぜられ、次の新官職においても、さらに同一の歴史を繰り返す。事業の成績推して知るべしだろう。

政府事業の進行上の特徴

属僚は少しも合理的倹約を知らない。彼らは実益ある改良事業に対しては、その事業費の支出を吝《おし》み、形式的庁費の支出については懲罰に付すべきほど多額の経費を敢えてして憚らず、無用な監督を行うために過度の経費を支出して顧みない。およそ自分の管下に属する業務は、一切万事を挙げて監督し、記入し、簿冊に編纂するという因習は、数十円の基本金を安全にするため、数百円を費やすという結果を生ずる。

国家が専売法を採用した経済的事業においては、往々にしてその主たる目的を逸することがある。すなわち、政府は専売事業とした産業を奨励するため保護の手段を用いる。なぜかというと、その産業は専売的保護の方法を講じなければ、全く発達できないか、あるいは不十分な発達しかしないというだけである。しかし事実に照らしてみると、専売的保護の処分は、少しもその産業を発達させないことがある。また専売事業は国庫に特別な利益を与えるものでもない。思うに国家と同一の実力および名望をもたない個人の事業であっても、遥かに多額の収入を得ることがあるからである。

今、その適例を挙げれば、オーストリアにおける塩の専売事業の場合、人民は官僚機械主義の繁雑な条件に束縛され、家畜用、肥料用、および工業用の塩を購入する際、実に驚くべき手数を要する。その結果、オーストリアの各州における農業、牧畜業、および化学工業が、いかにその発達を阻害されたか。

国家がある事業を営むと、照会、回答、評議、および監督、巡視、技師、会計吏の復命などを堆積させ、結局その案件は大蔵省の多数の官房を経由したのち、これと同一の運命に遭遇した他の記録とともに、官房庫の中に、塵埃の中に埋没させせられるのを常とする。

かりそめにも国家が、組織の官僚的固定妄想狂を脱しようとすれば、経済社会においては特殊な位置を占めるのであるから、人民の経済的進歩に多大で有益な影響を与えるのは当然であろう。われわれは、国家が他の社会的団体に比べて、多くの無形的・有形的に優等な性質を持つものと認める以上、国家が良い模範を示して、総ての民業に対して北斗星の地位に立つことを期待するのは、むしろ当然であろう。ところがいかんせん、現在の状態は、政府の事業には顕著な緩慢、不条理な倹約、無気力、児童的恐怖心などが伴い、その結果、どんなに精気満々たる一個人も、官業に伴う物質的、立法的勢力を持たないため、民間における同一事業の企図に対し、著しく自信力と勇気とを喪失しつつある。

私立会社の場合も、行政部の蒙昧《もうまい》あるいは頑迷固陋《がんめいころう》は、事業の上で同じく不幸な結果を来たすのだが、それはわずかに個人的経済単位の運命に及ぼす影響に過ぎない。これに反して国家の事業においては、注意の周到を欠いた軽はずみな処置、神経過敏な官僚的処分は、ただ官業の盛衰にかかわるだけでなく、その事業全般に多大の不幸な反動を及ぼすのである。

経済上に国権がはびこるのは無益

特権を持つ国立銀行は、巨額な資金を堆積して、これによって郵便、電信、鉄道、航海、富籤《とみくじ》なども次第に官業となった。しかも国家は、このように人民の経済的自由を拘束しようとして、まず第一に、重い負担を課せられつつある国庫の収入に着眼した。人民の幸福、民業の調和的発達という問題については二次的に考えられているに過ぎない。

なるべく多くの収入を得ようとする意向そのものが誤っており、しかも実行上の失錯が甚だ多く、経営の方法も大いに当を失している。国家の経済界における干渉に対する不平の声が至る所にやかましく、経済上における国権のはびこりは、社会のために害はあっても益はないという確信を人民は懐くようになっている。

さらに貨幣の専業、すなわち銀行業について述べよう。国家およびその官僚的に組織された信用機関は、資力がすこぶる富裕であるので、ことに貧弱な国において、大変な勢力をもつことができる。元来、国立銀行というものは、金融を緩和し、国民の経済的活動を助長する後援者であるべきなのに、その当局者の多くは、全く商人的気性を持たず、ほとんど官僚の亜流に属し、国家の担保する資金の管理という職務の責任は、かえって彼らに過度の恐怖心を懐かせ、戦々恐々として厘毛《りんもう》の差違に懸念し、ひたすら損失を出さないようにと恐れるだけである。その結果、一般の金融を軽視し、あるいは地方の金融を図るに当って、局量、緩慢、形式主義のような通弊に陥り、また本来の職責を忘れる。したがって、彼らが属僚的経験を持つだけに止まり、少しも商業その他実業社会の実況を知らないときは、特権を有する国立銀行の営業方針も、根本的に誤っていると言わざるを得ない。

この種の銀行における頭取あるいは支店長は、各銀行得意先の信用程度がどうかを調査する煩を避けるため、一定の得意先のほかは、少しも他を顧みることはなく、しかも得意先に対しては、その信用が強固であるとの理由で、絶えずかつ過度の金融を計るというような不公平な処置を敢えてしつつある。ところがこの種の得意先は、おおむね賤劣貪汚《せんれつたんお》ないわゆる高利貸であって、彼らはたまたま身分不相応な信用を利用して、融通できた資金で、真正着実な経済的生産的目的のために資金を要する個人に対して、不当な高利で貸し付けるのである。かくして高利貸は、国立銀行の指揮者が官僚主義を墨守するのを利用して、十分な国家の保護を受けて、不正な暴利を獲得するのである。見よ、国家は、一方で刑法という武器で高利貸を征伐しようとして、その奏効の緩慢であることに焦慮《しょうりょ》しながら、他方で国立銀行によって、盛んに彼らを援助しているのである。実に奇怪千万な弊害ではないか。

官営鉄道の利害得失

鉄道は、運輸交通機関の中で、最も重要なもので、人民の経済的利益を保護するために、またその生命財産を安全にするために、敷設および運転について相当な取締を要する。したがって、鉄道官営論者の主張する理由は特に傾聴する価値がある。

国家が官僚政治によって鉄道を経営することの弊害については、一八八〇年度、ベルギー工部省の予算会議において、議員レハルディー・ド・ボーリュー★の提出した報告書に最も適切な論評がある。

★ Lehardy de Beaulieu（生没年不詳）ベルギーの議会政治家。

「国家の運輸事業は万事ことごとく異状を呈している。民業においては、監督者、指揮者自らその損益について責任を負うが、国家がある事業を経営する場合は、法律上正確な意味において、何人も責任を負うものはない。国家に対し事業の成否について責を負うものは、一時工部大臣の椅子を占める一政治家に過ぎない。なるほど、わが国の官営鉄道は、一切万事行政的に経営されているけれども、少しも商業的に経営されてはいないではないか。したがって、鉄道当事者は、絶えず公衆と紛争を構え、そのために時間と資本を空費すること決して少なくない。政府がいかに事務に堪能で鋭敏であっても、またいかにその専門の事項に精通した官吏を任用しても、とうてい、商人的敏捷《びんしょう》を得ることはできない。なぜなら、このようなものは、永い生存競争の間において、初めて獲得できる能力であり、親しく民間の商工界にいたものでなければ、とうてい、これを収めることができないのは当然だからである。元来、官吏は、即時に決心することができないものであって、また即時に決行できないものである。ゆえに官吏の照会あるいは調査なるものは、すこぶる不確実、かつ緩慢であって、十分に信用を置き難い。これに加えて、社会は私人と同じく進んで政府と協商する勇気を持たず、しかもこれに対して政府は一切万事を卓上で規定し、ブリュッセルの官庁に着座したまま、見事にこれを指揮しようとする自負心を持つ。見よ、かくして一方の停車場には車両の堆積を来たし、どうにもならないものであるにもかかわらず、これと一、二マイル隔てた他の停車場においては、常に車両の欠乏に悩みつつある。」

氏はさらに言う、

「官営鉄道の役員は、線路の延長および乗客の数に比べて、私営鉄道の役員より遥かに多数である。したがって、われわれはこのような贅員《ぜいいん》を過度に増加することを監視しなければならない。官吏は往々、放縦《ほうじゅう》でほしいままにし、出勤時間に遅れ、あるいは定刻に先んじて退庁し、加えるに、一般公衆に対して傲慢《ごうまん》な態度をとることが少なくない。また各行政部局はともに絶えず迅速な昇級の見込みを増加するために、官職を増加し、それと同時に官吏の増員を弁明するため、不必要な筆写をさせ、あるいは無益な簿冊を繰返させるのを常とする。」

さらにベルギーの代議士は、その結論において、政府の当局者は、同一建築物内、あるいは同一市内に官庁を有する各局課長間の往復を減少し、できればこれを廃止する必要に着眼すべきことを警告した。このように、氏が、ベルギーの事情に訴えて、鉄道行政の官僚主義を論評した演説は、弊害がさらに甚だしい外国の事情に対して、最も適切であると思う。

見よ、官営鉄道の会計課、監督課に、幾百人の余剰官吏を使用しつつあるにもかかわらず、交通の最も頻繁な線路の営業課には、一人の技師あるいは一人の事務員を求めるにも、これを要請するのに、あたかも最大の恩恵を路上の人に乞うような始末である。すでに世人が熟知するように、鉄道災害の大部分は、一等線路および一等停車場における運転監督の不十分に起因するものである。そしてこのような不都合を生ずるゆえんは、そこの官吏が下級機関の監督者ではなく、むしろ筆写機械のような観があることに由来する。鉄道行政を信頼する幾万の乗客の生命を安全にするため、現場に在って下級機関の指揮監督すべき駅長またはその他の官吏は、報告あるいはその他の複雑な計算書を調製するような官庁事務に忙殺され、かえって緊要な鉄道運輸の監督をおろそかにせざるを得ない状態にある。すなわち、鉄道行政が、乗客の死傷、貨物の損害、停車場の破損などに対して、年々支払う賠償金の額は、まさに過度の監督および会計によって収め得た利益の額を超過しつつあるのである。官僚的鉄道行政が、有名なフランスの格言「機会は窃盗を生み出す」を遵奉《じゅんぽう》するならば、結局、政府は各役人毎に密偵を尾行させて監視させざるを得ないであろう。

ルロア・ボリュー★氏は、その著『近世国家およびその職務』において、官僚的鉄道行政の顕著な弊害を摘発して言う。

★**P. L. Beaulieu**（**1843-1916**）仏の財政学者、フランス学士院会員。『財政学概論』や『歳計予算論』が、田尻稲次郎らによって明治期に翻訳刊行され、明治憲法起草に際しても参照された。（「原著者小伝」（原田訳『経済学原論』有斐閣、一九二二年、所収）、「フランス財政学の導入と専修学校の人々（一）」（『ボリュー氏財政論・関税の部』専修大学大学史資料室、二〇〇〇年、所収））

「国家が鉄道を経営する上において生ずる第一の弊害は、政府と称する車が、官吏と称する多数の車夫によって引かれることである。そして今やこの種の官吏は、英国には三十万人、フランスには二十万人（この総数は、一八八九年より九〇年にいたる間の統計により、現在はさらに一層増加しているだろう）の多さに達しようとしている。これを事実に照らしてみると、欧米を通じて各国とも、政府は官吏を自分の政策に屈従させることを期さないものはない。世人の知るように、合衆国では、新大統領が就任すると、総ての行政部局の官吏は根本的に一掃される。そして甚だしいのは、郵便配達夫すら更迭されるのである。フランスにおいても、政府、なかでも共和党の政府は、その官吏に言論および投票の自由を付与しない。元来、官吏は、国内に在って、その数が少ないだけ、より多くの貴重な政治的自由を享有すべき希望が多いものである。合衆国、英国はそうである。しかし、官吏が選挙人の五分あるいは六分を占めるときは、政治上の自由はあまり減殺されない。もし官吏が選挙人の一割を占める場合は、官吏の政治的自由は絶対に存在しない。」

運河開鑿《かいさく》事業の醜態

官僚政治の国家は、その他の交通機関に対しても、同じく不手際である。一九〇一年の夏、オーストリアの議会において、運河開鑿法案の可決を見た。最初、その法案が提出されるや、政府側においても、法案を単なる紙上一片の希望に止まらせず、事実上、具体的な経済事業として経営しようとしたのである。ところがその実地調査に着手するや、権限の分配を誤った結果、同一事項について二省が嘴《くちばし》を入れるという結果が生じた。すなわち、商務省はその技術部より発議し、水利法の主管者である内務省もまたその水利技術部より発議し、急速な歩調で工事の進捗《しんちょく》を図る必要につれて、二省の間に言語に絶した混乱紛糾を生み出した。かくしてその法案は、どんな出来事に対しても容易に応じなければならない複雑な行政機関の組織を全然無用に帰し、にわかに土木局全体の組織を打破して、商務省および内務省の技術部を合併すると同時に、全く新たな行政機関、すなわち運河開鑿委員会というものを設立し、そのほか、運河開鑿の最高指揮官である運河開鑿局、および運河の貫通する諸国に、相当の技術機関を設ける必要が生ずるようになった。ところが、公的あるいは経済的生活を含む連鎖、すなわち官吏の増員に関しては、常に遺漏のない官僚者流も、水路の技術的管理方法についてては、ついにこれを解決できなかった。彼らは何人《なんぴと》を局長、課長、事務官とすべきか、また、誰を転任させた諸官吏の補欠とすべきかなど、属僚の間にありがちな朋党親しむ同士の争いを始め、肝腎な案件そのものは度外視して顧みなかった。ことに新設局の局長は技師にすべきか、あるいはまた法律家にすべきかという問題については、驚くべき長時日を要した。

かくして活発な行動に慣れない官僚者流は、緩慢な奔走の末に、他国では朝飯前の仕事ともいうべき運河開鑿工事に対し、ただちに着手することができず、まず「試験」と称して、一地方に船舶起重機を作り、他の一地方に運河の一部を開鑿し、その後、初めて運河開鑿設計書の調製に取りかかった。関係地方が数百年来、熱望して経済的停滞から免れようとしていた運河開鑿の大事業も、官僚者流のこのような行動のために妨げられ、予定の期日より十年あるいは二十年の遅延を生じたのもやむを得なかったのである。

第二節　官僚政治と国家の歳計予算

官僚政治は国庫の負担を重くする

官僚政治と称する一種の癌腫《がんしゅ》は、国家の歳計予算に寄生する有機物であって、その蔓延は日に増し、総ての経済的生存力を破壊し、年々歳々財政的健康を侵害し、ついに国民の整然とした発育、進歩を阻害するものである。

官僚政治は、他の活気ある事業に好適な人材を吸収して、国民資本の大部分を拘束し、これを大都会に集中する結果、村落および小都会の人物を空虚にするものである。今仮にこれらの弊害を度外視しても、なおかつ官僚政治は、無限の支出をして、国庫の負担を重くしようとするのである。われわれは必ずしも官僚が不相応な報酬を受けていると主張するのではない。しかしながら、他の自由職業および産業に比較して、多すぎる官職および官吏を置き、しかも各階級の官吏の間に甚だしい物質的俸給の差があることの悪弊は、認めざるを得ない。

官吏の俸給における上下の差

高等官は、その勤続年数、家族に対する責任、およびその他諸般の情実を公平に斟酌《しんしゃく》しても、なおかつその仕事の真価より遥かに超過した不当な俸給を支給されている。これに反して、下級官吏は、欠乏困厄《こんやく》の薄命な境遇に嘆き、当世の流行語である「平等」という事実は、全く一片の虚妄に過ぎないことを実証している。

われわれは、この主張を証明するために、ここに二カ国の比較をしてみよう。すなわち、一つは官僚者流の援助がなく、物質上世界の先頭に立つ国で、他の一つは、表面は大変な進歩の状況を見せているものの、官僚者流が権力の交叉点にある国である。

米仏の官吏俸給の比較

フランスでは最下級の官吏は、一〇〇〇フランあるいは一二〇〇フランの年俸を受けるに過ぎないのに、北米合衆国においては、最下級の官吏であっても四〇〇〇フランの俸給を受けている。そしてフランスでは局長は一年に二万四〇〇〇フランを受けるが、合衆国では一万フランに過ぎない。フランスの知事は、些細な備品にいたるまでことごとく整った壮麗な官舎のほかに、二万ないし四万八〇〇〇フランの俸給を受け、合衆国の知事は、フランス最大の県に比べ広さが六倍、富力十倍にあたる所であっても、一二〇〇ドルまたは六五〇〇フランの俸給を受けるに過ぎない。また合衆国の大統領は五万ドルの俸給を受けるのに比べ、フランスの大統領は、以前の王領財産である国有地の収益、その地の収益以外に二〇万フランの俸給を受けている。そしてフランスでは、官吏俸給の公平な分配を要求する識者の意見も、貴族的遺伝と、官僚政治の習慣に妨げられ、ついにこれを貫徹するときがこないという状態にある。

事態はこのようであり、欧州諸国において、予算の均衡を失わせる当の敵手は、軍制と国家の官僚政治、すなわち中央、州、県および町村における官僚的施設の過度の膨張とにある。官僚政治の機関がますます増加し、分裂しようとするのを予防する唯一の武器は、すなわち国庫の財政困難という事実にある。国家が企てようとする公共事業で、金銭の支出を要せず、また国家の財政が無限に膨張せざるを得ない事情がなければ、多数の大陸諸国は、一私人あるいは自治団体の経営にまかせた事業の範囲にまで、容赦なく襲って来るのは明らかである。要するに、官僚政治の増長を防御するものは、すなわち、予算の欠乏である。

第三節　国庫的官僚政治

国家は租税の報酬に値する保護を人民に与えているか

次いで、われわれは国家がその特殊な威信、勢力によって、私人その他の社会的団体に対し、経済上の企てを援助する一大原動力として立った場合について、その官僚政治の各特徴を説明する。

これに先立ち、国家の経済的利害と、個人および自由経済の利害との交叉点に立つ国家の活動について考えてみよう。思うに本論における最も不愉快な題目の一つである。なぜなら、われわれは人民および個人的団体が、経済的企てについて国家から受ける保護および法律上の擁護というものは、果たして国家がその代償として人民から徴収する租税の多寡《たか》に比例するかどうか、また国家がこれを徴収する方法ならびに形式が、果たして人類の生活に必要欠くべからざる社会制度としての国家的思想本来の主旨面目にかなっているかどうか、換言すれば、政府は果たして人民から徴収する租税の報酬に値するだけの保護を人民に与えているのかどうか、これを考えてみたい。

国家が人民に対して、物質的、精神的犠牲を求めるのは、むしろ正当な理由があることとして、誰もこれを認めないものはいない。なぜなら、国家はその要求とともに、自らもこれに相当する利益を人民に与えるからである。そもそも個人が、自発的に一致して国家的団体を組織するゆえんは、結局、これによって共通の利益を収めるためにほかならない。すなわち人民は、この目的のために、言論行動の自由、あるいは思想の自由さえも犠牲にする決心をするのである。したがって、人民がその天賦の権能を放棄して、国家的生活の犠牲となる代償として、同格の利益を要求するのは、また当然の道理と言わなければならない。

国家がその存立および目的を達する上で、必要な物質的負担を、人民に分配するとき、またはこれを人民の懐中から徴収するときに行う過失と、国家本来の目的に対する誤解、これを達しようとする手段の誤用、財務行政組織の失当とは、当然、区別して観察することを要する。前段の過失は、財務制度の属僚政治に起因したものであって、著しい国庫専横主義の弊害を助長するものである。

国家がその存立上、租税、手数料、専売法などによって、物資を徴収する必要があることは、火を見るよりも明らかな事実で、何人も認める。国家は日を追ってますます困難になる任務を解決し、その目的を達しようとするためには、十分な物資の支出を要するようになっている。一切の行政部局、司法制度、および国境の保護は、ますます多数の官吏を要し、かつその人材が不完全であるため、さらにこれに対する監督、補助、保護などを要し、いずれも相当な経費を要する。その他、国家は国民の教育、美術の保護奨励、社会事業、経済的企業の補助などをおろそかにはできない。そしてこれら一切万事の解決上、まず第一に必要なものは金である。第二に必要なものは金である。第三に必要なものはまた金である。

納税者である人民は国家の経済を注視している。けれども彼らの大部分は、立憲政体の国ですら、国家の取り立てに対して、唯々諾々《いいだくだく》、少しも言うところがないようだ。しかもわれわれは、彼らが無神経で、政府のどんな支出が人民に実益を与え、どんなものが政府の威信、勢力の濫用《らんよう》から出たものであるか、また、どんなものが単に国家制度の失当である組織に由来したものであるかを識別できないとは、とうてい、認めることはできない。

世上では往々にして、財務行政が国家に人民の犠牲を供させるとき遭遇する困難を、当然ありがちの現象であるとし、即効を見ないかぎり、なるべく一切の犠牲を避けようとする人間の弱点に帰するものがいる。まことに当を得た見解であって、少しも弁駁《べんばく》〔反論〕の余地があるとは見えないが、いわゆる即効云々という点は、国家が租税を徴収するとき、人民から受ける抵抗を自白して余りある言といえるだろう。なぜ人はその所有する土地に高価な種子を蒔くとき、当分はこれを失い、しかもその家計が収穫期まで困難を感ずることを予知しながらも、これを行うのに躊躇《ちゅうちょ》しないか。思うに彼は一時の犠牲、当分の困難は、将来において富裕な収穫を生じ、それによって投資を償《つぐな》い、なお相当な純益を生ずることを知っているからである。人民が国家経済に待つ成績もまた、これと異ならない。人民が往々にして国家の田畑に全資産を撒くことを辞せず、艱難辛苦《かんなんしんく》して灌漑《かんがい》するのも、未来の収穫を祈る心にほかならない。果たしてそうとすれば、人民の犠牲の大部分が、予期の収穫を生ぜず、むしろ社会的利益の自然な発達を阻害し、無用な衝突を起こし、人民の福祉を妨害する機関の維持に供せられることを人民が知るならば、その租税の義務は、国家に対する戦時負担と見なし、極力これに反対するようになるのは当然である。

国家の不生産的支出は、できるだけ最少限度に緊縮し、租税負担の限界は、人民が至当と認め、その徴収に対して苦情を訴えない程度に止めるべきことを、精密に監査するのは国家の一大任務であることは、政治学上の原則である。けれども、国家がこの任務を果たすには、当然、官僚政治の弊害を脱しなければならない。思うに官僚政治は、人民から吸収した幾百万の金で高価で運転の緩慢な機械を設備するから、絶えず補充と修繕を要し、しかも国家の職務およびその卓越した面目と矛盾する方法で、公私の生活を拘束しようとするものであるからである。

通常の租税であっても、財源である人民の生産力を極端に超過するものは、また等しく不道徳な財源であることを免れない。一個人は、国家より法律上および経済上の保護を受けるため、一身上および物質上の犠牲によって、国家ならびにその機関を維持する義務があるのは少しも疑いを容れない。人民は、国家が産業の発達を篤く保護し、決して過度の取り立てによって阻害せず、また同業者の嫉妬反感によって被る迫害を見逃さないことを信じるからこそ、その所得の幾らかを喜んで国家の費用に貢献するのである。したがって人民が納税の義務を甘んじて受諾するゆえんは、国家組織に依頼するのでなければ、経済的存立の前途を全うして幸福な境遇に進むことができず、これを離れては、あたかも疾風に吹き飛ばされた麦わら帽子のように、転々としてついには溝の泥の中に没するほか、途はないと覚悟するためである。

偽善的口実の下に国家は人民の懐中を強奪

ところが国家の不当な経済政策が、人民に対して、その産業の基礎を破壊し、その所得の幾らかで満足せず、「かりそめにもわが団体の中に在って獲得したものは、ことごとくわが所有である」という主義を奉じ、あるいは人民の事業の結果の大部分を横領し、人民にはまるで乞食に物を与えるかのように、わずかにその一小部分をつかわすに過ぎないことを知覚させるようなことは、そもそも国家の社会的職分を不道徳的に不条理的に顛倒したものと言わなければならない。すなわち国家は保護的恩恵を付与すべしという偽善的口実の下に、人民の懐中を強奪しているのである。まさに、国庫的官僚政治は、納税者の産業の結果を分配する際、自分の掌中にはその一切を奪取し、納税者には辛うじて一時の飢餓を免れるだけ分配するに過ぎない。

官僚的国庫主義者は、かつて年来の経済的恐慌が、多くの国で農業の頽廃をもたらしたことに思い至らない。農民は幸いにもその所有している猫の額のような土地を、負債のために競売に付せられることはなかったが、妻子をこの狭い土地で養うことはできず、転じて日雇労働者となり、地方によっては、一村全滅を避けるため、海外に団体的移住を企てることになった。事態はこうであったから、彼らが、彼らを養うことのできない本国に離反するのは怪しむに足りない。このように小地主が零落するようになった原因は、一面では世界共通の経済的事情にあることは疑いを容れないが、また国庫の厳しい取り立てが暴政を逞《たくま》しくした結果、あらゆる生産的事業の根底を破壊したことにあるのは言うまでもない。

われわれがここに国家の官僚的財務政策と称するものは、ただ課税の過重およびその軽率な分配だけを意味するのではなく、実に人民が生み出す犠牲を量定《りょうてい》し、徴収する方法をも併せて意味したものである。官僚者流は、国家が人民に対して行う一切の取り立てについて、その負担の分量にしたがい、法律上の名義を明らかに指示されることを請求する権利を持つことを知らず、しかもこれによって、万一の場合、国庫の不法行為に対し、一切の手段を用いて自己を防護する機会があるという重大な原則を少しも顧慮しないようだ。誰でも支払うときには、まずなぜ支払わねばならないのかを知る権能を持つ。ところが官僚者流は、全世界において自己を除くほか、誰であっても計算書の証明がなくては、支払いを要求できないことを忘れ、さらに納税者の権利を尊重すべきゆえんを知らないのである。

官僚的財政官は、これらの正当な人民の要求を認めず、これを全く度外視する。彼らの主な職務は、どんなに不正な方法を用いても、人民の懐中からできるだけ多大な収入を搾取することにある。そしてこのような取扱いを受ける犠牲は、彼らの処置について、どんな感情を持ち、どんな思想を懐くかは、少しも顧みない。

第四節　民業に対する官僚政治

個人は国家の公平無私を信じるべきか

官僚政治が一個人および自治的団体の経済的境涯に及ぼす影響について説明しよう。

個人あるいは自由な結社の私人的企業心に基く経済的生活に対し、均一で懇篤《こんとく》な保護を与えるのは、国家の重大な職務の一つである。国家は絶対的に公平無私の態度を保ち、すべて個人的事業の調和的発達を助長することによって、自己の利益、存立、および進歩を計る常識を具備していなければならない。自分の力では、一歩毎に遭遇する優勢な敵手に対し、経済上の苦戦に堪えられない一個人も、国家およびその機関の擁護によって、優にこれと対抗できるだろう。したがって個人は、国家をして、優勢な敵手の圧迫、あるいは手段を選ばない敵手の襲撃に対する唯一の保護者とし、その公正無私を信じるのである。

かくして、国家の保護の真価を生ずる第一条件は、すなわち国家の完全な公平無私の態度にある。国家が公平を欠けば、国家はただその職務を尽くすことができないばかりか、国家制度の高尚な使命も、たちまち経済上の強者を扶助して、弱者を虐げる言語道断の堕落機関と化してしまうのは当然である。もし国家が、経済上のある局部にだけ加担するならば、他の経済的局部は、以後、国家に対して何の信用も置かないだけでなく、国家およびその存立の必要を認めないようになろう。

経済社会に対する国家の公平は、ある意味では国家の経済事業であって、われわれは、ある経済的局部が、自己あるいは他人の過失のため全滅の危機に瀕するか、あるいは一般の均衡に危険なほど衰弱の状態に陥った場合、国家が一時、十分にこれを補助する必要を否認するものではない。国家のある地方が、引続いた商況不振の結果、あるいは過去において怠った結果、他の地方に対して経済上隷属の関係を生ずるようになったため、地方経済の均衡が失われようとする場合などがそうである。このような場合こそ、国家の機関が、優れた勲功《くんこう》を顕すべきで、国家は不平等な武器で準備された両者の間に立って、まず物質的均衡を与えなければならない。もし国家がこの義務を怠れば、自己の永続に関する利害を傷害される結果を生ずるのは当然である。思うに経済界において、一局部の損害がますます甚だしいにもかかわらず、一局部の利益がいよいよ大きくなるのを放任する時は、経済上はもちろん、政治上の混乱を醸し出し、ついには国家の威信勢力を失墜するだけでなく、時としてその独立を失うこともある。まさに時人《じじん》は各国興亡の史蹟に照らして、この事実が歴然たるものであることを認めざるを得ない。

民間事業者は官僚政治に反対

ところが官僚的政府にあっては、上述した原則の効用を会得していないのか、一日として官僚政治の弊害を暴露しないものはない。彼らは常にある地方の損害を顧みず、他の地方を特待し、そのために政治的、人種的闘争を引き起こすだけでなく、危険な経済的戦争を起こし、国家の進運を阻害することが少なくない。およそ各国および各国民間におけるこれらの経済的戦争が、人類一般の帰趨《きすう》および福祉を害するのは言うまでもないが、国家的有機体として団結した各地方の間に生ずる経済的闘争にいたっては、それが一時的であると、永久的であるとを問わず、最も嘆かわしい疾病の兆候にほかならない。結局、このようなことは、官僚的政府が、意識的あるいは無意識的に国内一般の調和を蔑視した結果に過ぎないのであって、いわゆる「緑卓政治」の弊害を遺憾なく暴露するものといえよう。

経済的生活に対する官庁の活動は、公平無私のほか、さらに周到な好意と、活発な援助を必要とする。およそ経済的企業心の自然な発生をおさえ、生産的産業組合の萌芽を阻害するものは、官僚的形式主義の乾燥した空気と、冷淡無責任な態度ほど甚だしいものはない。世人はしばしばその職務上の地位と、法律に規定された干渉権によって、あらゆる経済的企業の運命を支配する官僚者流のために、上述のような損害を被っているのである。

上述した原則が正当であることは、かの民間における事業の代表者が、いずれも激烈な官僚政治の反対者であることに照らしても明らかである。彼らは一般の幸福を増進するため、経済生活を一層迅速な進歩の軌道に進ませようとするから、これを阻害しようとする官僚政治を最も甚だしく憎む。今や大工業の運営者、商業の代表者、技術家、商人など大胆な企業家は、いずれも官僚政治の峻厳な圧迫のため、ほとんど窒息せんとする状態にある。思うに彼らは、人類の幸福を図るために行われた、実際的発明、新式の交通機関、その他文明の恩恵を、社会の多数者に普及させ、または無職労働者のために有利な仕事を授けることを目的とする計画の発展について、完全な自由を要求するものだからである。

官僚者流は法律規定・官庁命令に違うことを嫌う

官僚者流はもともとその陣営以外に何ものをも認めない。彼らの眼中には、役人のほかに人はない。そしてそのいわゆる役人なるものは、結局、自己に分配された事務を始末するだけに止まる。したがって官僚者流は、日雇い写字生がいることは知って他を知らず、その真価は、ただ書き散らした官庁用紙の数によって評定されるに過ぎない。彼らが事務の進捗を図る必要を認めるのは、上級官庁の命令を始末する場合か、あるいは、上級官庁に対してその事務の成績に関する無意味な定期報告書を提出する場合に止まる。しかし彼らは、公私の経済事務は、できる限り迅速に完結することが、いかに重大な利益を国民に与えるものかに思いが及ばず、また些細な事務の処理を遅延させることによって社会に加える損害が、一切の官僚的杞憂に比べて、幾百倍も重大であるかを忘れている。たまたま官僚者流がその脳裏に、中間的光明を認めた瞬間において、実際的人生の必要に対する自己の関係を知覚することもないこともないが、元来、官僚的尊厳および近視眼的態度の妄想狂に陥った頭脳は、一瞬にして平生の無神経に復帰し、官僚的迷夢に捕われて終るのは当然である。

元来、官僚者流は、経済生活に対する国家の擁護について、唯一の方法しか知らない。唯一の方法とは何か。人民が経済生活において活発な組織的活躍を試みるとき、官吏はこれに対して小心翼々《しょうしんよくよく》として、一歩毎に、また極めて軽微な一挙一動ではあるが、正確に形式的法律の規定に適合し、すべからく官庁の要求に違うことがないように求めることである。そしてこのような擁護は、いわゆる「免許」という文字によって、遺憾なく言い表わされている。免許という文字は、経済学の用語としては、社会一般の幸福に鑑みて、商工業上における多くの営業の自由を制限することを意味するが、官僚者間の用語としては、すなわちある職業を営もうとする者が、官庁の許否を求める前に、何人も必ず一度は通過することを要する「見込みのない競争」の符号に過ぎない。営業免許の許否に関する些細な案件であっても、官僚者流の前に提出されたときは、あたかも重大な内閣問題であるかのごとき観を生じ、一件の記録は一局から一局へと転々し、評議、委員会の決議、警察の調査、申請者の身元調査、印紙の貼付、申請者の戸籍謄本および資格証明書の添付、兵役義務履行の証明書など、あらゆる疑問条件が陳列されるのであるが、その許否にいたっては、容易に決定されない。独立の職業に取り付いて、自己の存立および前途に繋がると認め、許可の通達を待つこと、大旱魃《かんばつ》に雲と虹を望むかのような申請者に対し、いたずらに勿体ぶった態度をとり、軽々しくその希望を充たすことを好まないもののようである。

官僚者流は自由裁量を曲解

人民の経済的企業に対する官僚者流の擁護について、第二の特徴は、行政上の、いわゆる自由裁量の原則である。学理上、自由裁量は、行政官庁が公益に関する営業を拒否する条件の判断に際し、幾分かの自由を与える趣旨であるが、実際においては、官庁が一切の案件を処理するとき、ほしいままに拒否する弊を生み出したに過ぎない。政治学および立法は、この原則を定めるに当って、公共の案件、なかでも、経済案件の行政に関し、行政官庁の形式的法律が想定できず、予め例規を設けることができない窮屈な範囲を脱して、案件個々の実況に照らし、公正な判断をさせるため、自由裁量の権利を委任しようとしたものにほかならない。ところが、官僚者流は、この根本義を曲解し、これが法令の規定を自由思想のために緩和する手段と認めるのではなく、人民の活動を拘束する屈強な方便と見なし、禁令あるいは繁雑な手続きの形式によって、これを濫用しようとするのである。

第六章　官僚政治と教育制度

教育制度は官僚政治の典型

官僚政治の語は、実に現代教育制度の欠陥を形容し尽くして余りあるといえよう。最近、ドイツにおけるある教育家の説によれば、現時の教育制度を強制するものは、すなわち官僚政治である。文部省は経験深い教育家の率直な忠告に耳を傾けず、教育制度改革の事あるごとに、教育制度の長官専制主義および一種の官僚的教育法を増長させるようになった。官僚的教育法とは、すなわち周到な注意の眼で知識の分配を監視することで、あたかも他の社会的生活の現象に対するようにすべしとの原則に準拠するものである。

その教育家の言によれば、学校の組織について、上述のような処方の発明者として名誉を担うものはオーストリアの弁官ロッテンハン伯★である。一七九二年、官僚的教育制度の元祖である同伯が就職以来、各国は争ってその学説を採用するようになった。今日、もしロッテンハン伯が再来するならば、伯は、かつて自分が種をまいた思想が、このように世界に蔓延し、堅固な仲間を作り得たことを見て、痛快の感に堪えないであろう。

★**H. F. G. v. Rottenhann**（1737-1809）名門貴族出身のオーストリア官僚。皇帝ヨーゼフ二世に才を認められ、教育・司法制度改革において活躍した。（Biographische Lexikon des Kaiserthums Österreich. 1856-91）

今日の学校制度は、その組織のある点では、有名な古い中国流の教育法と異なるところがない。古中国の教育法は、無意味な模型を堆積し、壮年者を律するために総てこの同一の模型を用い、その能力の判定については、もっぱら機械的に暗誦した文章の多寡を標準とし、道徳および人民の最高理想と認められた奴隷的卑屈心を養成することが目的である。かくして、幼年者はまず最初の教育階梯から、乾燥無趣味な断片零句を注入され、厳格な課業の下に莫大な抽象的空文の嚥下《えんげ》を強要される。しかも他日、試験のときには、当局者は、生徒がその事理を理解するか否かは問わず、教案の順序に従って、章節、文句、文言を暗誦したか否かを試験しようとする。もし生徒が、第何級の読本の第何頁に何々の文句があると記憶し、または外国の歴史において、歴代帝王の名および治世の年月を列挙することができれば、ただちにその生徒はその事項に精通している証拠と認めるのである。何人も生徒が独立した考察力を持っているか否か、学校で得た知識を世態人情と対照して、ますます深遠とするか否か、高尚な理想を保持するか否か、一切の労働に対する尊敬心を持っているか否かについて問うものはなく、また何人も、どうすれば小児の心中に批評的思索の端緒を喚起できるかについて考案するものはいない。まさに、このようなことは、今日の学校とは全く遠ざかった事項であるが、学校はただ政府の規則および教案を履行することだけに精力を消耗させられ、かつてこれらの事項に対して考慮すべき余暇を持たないのである。

政府が学校に干渉する悪結果

官僚的教育制度が生ずる原因は、他の行政部局と同じく、主として官吏が自分の勢力を過重するところにある。そして官吏の勢力というものは、地方的あるいは個人的区別を少しも認めない杓子定規《しゃくしじょうぎ》、感情や直覚を少しも認めない模型主義、および「下官は上官より一層勉励することは許しても、決して一層合理的熟練家となることを許さない」という、笑えない主義にその根拠を有するのである。

このように、政府が学校に干渉することが有益であると認めた誤解の結果、二、三の国における文部省は、学校およびその行動の監督が、官吏の独占的範囲と認め、その社会的事業の部分に関しては、一切、社会、家族、その他適任の分子の参与を許さないようになった。

学校制度の後見人には、退役軍人、恩給を受けるようになった官吏、国家思想に努力した事務員であって、政府の完全な信用を得て、かつその忠誠さについて警察機関の好評を博した者を任用する。このような学校監督の指揮者は、学校では、現在社会の秩序に忠実で、平穏な国家の人民を養成するのに十分な保証を与えるものである。そしてこれらの後見人は、新興の思想、あるいは官庁の承認しない学説を排斥し、旧来の規律を認識するものであるに過ぎない。このように学校監督の系統が組織されると、ただちに学校は、現在の状況に照らして、必要な政治思想の養成所として、最も適当なものであることを実験できた。かくして政府は、学校本来の職務を度外視して、これを頽廃させたにもかかわらず、極力上述の方針を励行することに努めたのである。

たとえ、自治的分子を、学校監督に参与させる方針を採用した諸国においても、その成績は必ずしも良好ではない。思うに公共事務に人民が参与しても、仮に与えた恩典とする習慣は、行政事務の全般にわたって深い根底となっているからである。そして政府がこのような譲歩をした理由は、もともと教育事務が官吏の掌中に独占されるものではなく、自由な民意の代表者も、またこれと同様の勢力を持つという外観を装おうためにほかならない。

官僚者流は、今日の官職が人力がとうてい及ばない多大な事務を負担していることに気がつかず、私的性質を有する社会団体の管理に任せるべき事務も、摂取して自己の手に収めるだけで、かつて現状に鑑み、なるべく自己の事務を縮小し、これを人民の自治に委ねようとしたことがないのである。われわれは、以下に少しばかり視学官の官僚的監督方法について観察してみよう。

視学官の官僚的監督

学校の視察巡回なども、これを行うものが、第一に官吏としての態度をとり、第二に初めて教育家としての態度をとるものだから、その結果、正規の教案に対し、学校が教授の経過について定期的に提出する報告書、および生徒の知識の現況を比較するに過ぎない。この場合、彼らが守るべき原則は、教員というものは活発な実際の教育のために努力するよりは、むしろ巡回調書の事項のために働くべきだということにある。巡回調書において、ある教員が、その教授の現況と、教案の各項目とが一致することを認定されたとき、たしかに上官の承認とその考査表とにおいて、好評を博すべきものである。自己の任務を理解している視学官すら、教員の成績を正規の考査表に記入するとき、教育行政上にわだかまる形式主義のために妨げられ、全く数字的、機械的に流れるのはやむを得ない事情がある。こうした方法が、実際の教育にどれほどの効果を及ぼすかは、敢えて問うことを要しない。

官僚者流は、各行政部局において、必ずその有害な行動を一目瞭然とさせる嗜好品を持っている。それでは、学校制度における件の嗜好品とは何か。いわゆる課程教案がそれである。

もとより、いかなる社会的事業、教育事業でも、これを行う上で、予め根本の原則を必要とし、またこれを決定する上で、非常な経験と専門的知識とを要するのであるから、これを教員各自の考案に委任すべきではないのは、疑いを容れない。そもそも教授を理想的に行おうとすれば、生徒の年齢、教授直接の目的、すなわち教授によって準備させようとする職業の方針、教授の時間、および生徒の生理的要求に応じて、一定の段階に区別することを要するのは言うまでもない。このような教育の根本綱領を決定しようとするのは、道理上、教育学上、いささかの非難を加えるべき余地はない。

官僚的教育制度下の教員

ところが官僚的教育制度は、教員に対してこれら教育の根本的原則を決定するのではなく、どのような文字をいかなる日に、また読本のどのような章句を午前あるいは午後に教授するべきかを命じ、教授材料を巨細な点にまで予定し、少しも地方的あるいは個別的事情を斟《しん》酌《しゃく》できないようにしようとする。しかも彼らは極めて些細な事情が、たちまち教授の順当な進行を妨げ、たちまち官庁的製作品の人工的設計を破壊し去ることに想いいたらない。かくして、われわれはこのことを評して、教授の自由、教員の善意、およびその熱心さに対する官僚政治の暴行であると言わざるを得ない。したがって、事理をよく解する教員は、このような場合に遭遇しても、平然としてその規定を回避するのに逡巡躊躇《しゅんじゅんちゅうちょ》せず、現実の状況にしたがい、臨機応変にその態度を定め、教案がいずれの日、どの章句を予定したかを顧慮《こりょ》せず、ひたすら自己の指導に委任された生徒が、教育上順当な進歩をとげることを切望するが、官僚的教員は、生徒の知識状態が、官庁制定の教案に規定されたものと、全然異なる教授法を要するか否かにかかわらず、また生徒が素養あるいは予備知識を持つか否かにかかわらず、彼らはひたすら訓令の条項に記載された所を遵奉《じゅんぽう》するほか、途《みち》を知らない。また事理をよく解する上官は、このような場合、教員がやむを得ず官庁の規定した教案に違反した事情を適当に判断し、少しも譴責《けんせき》非難の必要を認めないのに対し、官僚的長官は、教員が規定の教案の変更やむを得ないとする理由について、適当な判定を下すことを拒絶し、ただちに訓令違反の報告を発するのが常である。かくして官僚的教育制度は、教員をしだいに日雇い的職工と化してしまうのである。

直覚的教授法と無味乾燥な読本

ところが、このような官僚的制度は、直覚的教授法および教授用具によって、教授を容易にする上でも見られるのである。直覚的教授法が、読本暗誦の無味乾燥な方法に比べて、はるかに優れているのは、すでに久しく一般の承認するところであり、現に二、三の国においては、この点について顕著な進歩を示している。直覚教授法によって修業した生徒は、再びその知識を取り出すとき、かつて教授された物体に対する現象の記憶を、直接にこの物体の直覚によって得た感覚に基づいて喚起できるのに反して、読本によって修業した生徒は、この場合、精神的に二重の作用を起こさなければならない。すなわち生徒は、まず読本の著者が最初に知覚し、あるいは記憶法によって産出した知覚を想像し、次に著者がその学問上の告白をした文章語句を回想しなければならない。けれども自然は、われわれに直覚教授法が最も直接的、合理的方法であることを示している。思うに、人類の最初の知識は、これを個人の発達に照らしても、またこれを人類全体の発達に照らしても、読本——乳児はこれを読むことができず、蛮人はこれを持たない——によって得たものではなく、ただ直接的知覚、あるいは世界および自然の観察によって得たものであるからである。

われわれはここに今日の学校、なかでも貧困な地方の学校における設備および教則について、直覚的教授がいかに実施されているかを観察しよう。今日、地方の小学校の壁に掲げられたものは、家屋、村落、市街、海洋などの観念を直覚法によって生徒に与えようとする憐れむべき掛図だけで、このほかに絵としては、読本の中に二、三の挿絵があるだけに過ぎない。五十校中わずかに一校の割合で存在する博物学の標本、一、二の動かない物理機械、素人の作りで鴎《かもめ》とも鴨《かも》とも見える鳥の模型などにいたっては、容易にこれを直覚的教授用具とは認められない。このように、地方の小学校に教授用具が乏しいのは、決して許されるべきではないが、これは少なくとも社会および地方の貧困に起因するものとして大目に見るべきだろう。しかし、中学校に教授用具が欠乏しているのは、断じて認容できない。そもそも中学校はその数も少なく、その月謝は国家に幾らかの収入を与えるものである。つまり、中学校における教授用具の不備は、政府の吝嗇《りんしょく》として一段の非難を免れないか、あるいは教授の必要条件に対する官僚的見解によって、学校は紙と墨だけで足りるとする官庁と同一視した結果にほかならない。現有品以外の教材用具を必要としないよう、植物学などは、多くの学校において、冬期間、全く閉塞された教室の中で教授され、教師は特に種類、綱目、系統、細胞、花弁および穂の数など、純然たる記憶的事物の無味乾燥な目録を注入するに過ぎない。その他、鉱物学なども、ただ鉱物の複雑な形状、枢軸、数学的模型を呑み込ませようとするだけで、必要な鉱石の標本などはほとんど皆無に近い。

かくして、教授の方針および教科用具に対する政府の間違った倹約、属僚的見解の結果は、今や歴然として世に顕われて来た。中学卒業者の中で、五穀の種類を挙げ、あるいはアカブナとシロブナ、ヒヨドリとホトトギスとをよく識別するものは、十の一に過ぎない。彼らは鉱物結晶の原則および軸を説明できても、付近の山野を歩きまわって、一つの山の鉱物学的地質すら判別できない。また自分の足許にあるものが、なんという石であるかを説明することもできない。彼らは物理的数学の比例問題を解決し、フーコーの振り子の方式を説明することはできるが、家にあって偶然破損した電鈴の線を接続したり、または極めて単純な指物師、鍛冶屋の道具について、その機械的作用すら説明できない、これはそもそもなぜなのか。今日の学校における教授法が、紙上の理論的知識に惑溺《わくでき》するのは、あたかも今日の官庁が、卓上の官僚的識見で満足するのに似ている。ああ、何という現象か。無味乾燥、冷淡で活気のない模型的授業法は、人間の精神を麻痺させ、非常に錯雑で、少しも相互に連絡のない思想を、まとめて記憶の細胞の中に詰めこむだけである。自然、人生およびわれわれを取り囲む宇宙の、活気ある、色彩ある清新な現象を直覚させるには足らないのである。

児童には自然観察を

そもそも児童の五官および精神は、極めて容易にかつ精確に事物を観察するものだから、陰鬱《いんうつ》で狭い教室に密閉するようなことは、断じて当を得たものではない。児童は教室内で、聾唖《ろうあ》的《てき》書籍、あるいは往々、不興な教師の顔色に接するに過ぎない。彼らを導いて、教師の温和な顔色の下に、自然の直接的な観察を行わせるのは刻下の急務である。実地に接触した自然と、あるいはまた学理的機械および標本によって人工的に喚起された現象とを問わず、自然を直接観察させることは、教育の結果を迅速完全で健全にする上で、最も肝要なことである。われわれは、野外演習あるいは野外修学にある生徒間の規律が、教室内に比べて緩むことを恐れることはない。なぜなら、このようなことは全く一片の杞憂《きゆう》にすぎないからである。もし学童が授業科目に対し、その中心に興味を感ずるならば、彼らはたちまち喧嘩口論の機会を失うだろう。

英国教育の目的

有名なフランスの社会学者エドモンド・ドモラン★は、その大著『アングロサクソン人種覇権掌握の原因』の中で、英国の教育制度について、英国教育家が宣言した原則を掲げ、英国の発展に対するフランス人の感情を記述した。

★J. E. Demolins（1852-1907）仏の社会学者・教育家。主に英国の社会や教育に関する著作を発表し、フランス学校教育の改革に取り組んだ。（人名事典）

「英国教育の目的は、人間一切の精神的、肉体的天性を発達させ、かつこれを調和的に組織させることにある。児童は人生の総ての任務を履行できる完全な人物とならねばならない。この目的を達するために、学校は、書籍によってこれを媒介するほかに、人生の実際と何の接触ももたない人工的空気をつくることを許さない。学校は一種の実際的小社会でなくてはならず、児童がなるべく宇宙の森羅万象に近接したものでなければならない。学校は人生の現象について単に理論を教授するだけに止まらず、またその事実を指示しなければならない。学校において、常にこの二個の要素が相伴って行われることが、あたかも、われわれが一挙手一投足ごとに、われわれの周囲である実際世界と遭遇するかのようになされなければならない。このようにして教育された青年は、人生の実地に就くとき、決して未知の境遇に際会することはなく、またこれに対して自分が準備を欠いたために、周章狼狽するというような、不愉快を招くことはないだろう。人間を養成するものは、知能だけではなく、その精神的能力と、肉体的能力とが、調和的に結合されることを要するのは当然である。かくして、学校は、元気、意志、体力、手工および運動力の調和的発達に努めなければならない。」

学校と家庭との関係

元来、学校と家庭との間に生ずる誤解は、教育制度の官僚政治にその罪を帰せざるを得ない。学校はただ授業を目的とするだけの設備ではなく、同時に人物の養成を目的とするものであるから、家庭の絶対的信用を収めることを要する。思うに、児童はまず第一に家族に属するものであって、家族はその子女の教育を依頼する学校およびこれに授ける材料により、一個の人間としてまた良民として、いかなる方針で養成すべきかを決定する権利を持つ。

家庭の生活は、教育事業の端緒であると同時に、また道徳の萌芽を発する培養地であるから、その将来における失敗の根源も、また多くはここに伏在するものと言わざるを得ない。しかも学校はこの点については、家庭と同一の勢力を有するものではない。なぜなら、学校はすでに一部分でき上がった材料を引き受けながら、最初の家庭教育によって与えられた欠点を補正する時間および手段を持たないからである。けれども、学校は自己に委任された児童の利益のために、このような微弱な感化すら、これを無視するべきではなく、家庭に対して冷淡な態度をとり、あるいは臆断するときは、とうてい、十分な結果を収めることはできない。学校は家庭と提携して、最も親密な教育機関となることを期するべきである。

ところが官僚者流は、この原則の真価がわからず、生徒とは、学校の名簿に記載された物体と考える。かくして生徒は出席簿の一欄を占める品目にすぎない。学校の門戸が開放されると同時に、家庭は最愛の児童を失い、回復できない暗黒の谷に葬り去ることがしばしばある。学校の門戸内では、父母の勢力は全く消滅し、たとえたまたまそれがあるとしても、かの「条文」によって保護された勢力を大切に維持しようとする輩《やから》から、猜疑《さいぎ》、憎悪、軽蔑《けいべつ》の眼をもって迎えられるのは、火を見るよりも明らかである。

家庭によって提供された粗製の宝石が、「官僚政治」の工場で、一度凡庸な形状を得た以上、たとえ家庭に心情養成の自由があり、最良の工匠の手にかかっても、再びこれを良好な品に仕上げることができないのは明らかである。両親が自分たちの手から児童を放って学校に入れるや否や、ただちに無味乾燥な官僚的指導の下に、家庭教育の感化が全く無効に帰すること、および、いったん兵営的模型主義によって腐敗したものの救済がとうてい不可能であることを知ることになろう。

官僚的教育主義は、生徒の個性に極端な統一を行おうとし、生徒というものを、算数的観念、すなわち自己に服従した個人の総計と見なし、これを遇するのに、「田野に生熟し、決して二個の同様な葉あるいは茎を発見することのできない五穀」として遇しないのである。

ロシアの教育家が見た官僚的教育制度

ロシアのある教育家は次のような意見を述べたことがある。

「個人的教育は青年を個人的に取り扱うことを要し、怜悧《れいり》な教育家は、実際においてこのような取扱いをする。けれども、官僚的教育法ではそうではなく、各生徒を、学級の席順に応じて着座する番号にすぎないとし、生徒は将来、任官就職の目的を達するのが、人生最大の幸福と認めるような思想を抱かざるを得ないようになる。現時の教育家が心理学および教育生理学の原則を少しも理解せず、青年の精神的教育を窮屈な制服の中に圧搾させようとするが、恐らくはしだいに人間の最も高尚な最も善良な感情、すなわち倫理上最も純潔な感情は、必ずしも長い熟考を要せず、また何らの瞑想的動因もなく、しらずしらずの間に湧発する人間の自然的傾向の直接的産物にほかならないことを認識できるようになるだろう。」

何人も、この真理を認識する者は、青年のように神経過敏な性質を持つ者を、模型によって取扱うことの非を覚り、自分に委任された児童について、慎重にその個人的天性を研究し、これを明瞭にし、これを組織するために、決してこれに兵営的斧鉞《ふえつ》〔手入れ〕を加え、あるいは機械的修繕を施すようなことはしないであろう。

職業への不平不満は何に基くか

そもそも学校は、官僚的行政部局ではなく、その社会における価値にいたっては、第一流の制度に属するものであるから、未来の国民を教育するに当っては、生徒の能力に応じて分類し、将来の業務に対する当然の軌道に導く一種の試験場としなければならない。今日の国民に、もし本当の告白をさせるならば、各種の業務に従事する者は、自分が選んだ業務に満足している者が、果たして幾人いるか。自己の性来の傾向、自己の観察および自己の感情に、少しも適当しない業務を課せられたとき、これに対して嫌悪の念を懐かないものが、果たして幾人いるか。彼らはその職業が自己を検束すること、あたかも鉄鎖が囚人を拘束するようなものであると感じても、その処世の目的を変更して、新たに生存競争を開始するには非常に不利であるからこそ、空しく嘆息してやめるのである。これらの事実に対して、世人は往々説く、「およそ自己の義務について不平を懐き、天運によって他人に与えられた幸福を羨望するのは人生の常である」と。けれども、これは現時に流行する自己が選定した業務に対する不平不満の原因ではない。

その責任は、むしろ現時の学校が児童について個性の養成を怠っていることにある。今日教育に従事する者で、誰が児童や青年の個性に深い注意を払っているものか。思うにこうしたことは、官僚主義の学校制度中に予定されず、官僚的訓示の形式に当てはまらないものだからである。もし学校が生徒の個性に対する「試薬」の役目を演じ、各児童の気性について、その長所短所および傾向を証明することが、あたかも試験紙あるいは試験管が化学的成分を証明するようにし、また模型的事務と衣食住とに心を労する必要のない教員が、各生徒の個性について十分な観察をし、いかなる個人的気性についても注意を怠らないようにし、生徒の能力を十分に発達させて、最も適当な活動場の中に導くことができれば、生徒はすでに幼少の時代から予めその傾向を現し、容易に将来の業務に対する趣味と特長とを窺える資料を求めることができよう。

このようにすれば、国民がその業務を選ぶに当っても、現時に見るように、偶然的出来事、あるいは偶然的発意によってこれを決め、あるいは、かの遺伝的傾向というような誤った原則によって選ぶようなこともないだろう。そのような原則は、古代ギリシャの時代には、あるいは適合したかもしれないが、決して今日の時勢に相応するものではなく、さらには社会の階級的隔絶をもたらすものにすぎない。

教員の力と生徒数

官僚者流は、官職上、各官吏一人の力で処理すべき案件の数について、限度を認めない。彼らは係属する案件をいかに処理すべきかに留意せず、小心翼々として、一件たりとも、事務成績の未決欄の中に登載されることを恐れるだけである。官僚的教育制度もまたこれと同一の原則により、教員の力と生徒の数との割合を考えずに、教授の事務を教員に分配しようとする。およそ軍隊の編成においてすら、各部隊の人員は、指揮官の発声力および視力に適応させなければならないという原則があり、これを称して戦術上の統一という。ところが今日の学校においては、ほとんど教員の肺、眼、耳の抵抗力およびその健康の限界を認めない。われわれは現時の学校の設備を見る毎《ごと》に、この点に関して戦慄を禁ずることができない。

そもそもこのような事態を生ずる理由は、属僚の模型主義、すなわち彼らが軍隊における操典の儀式によって、教育事務を取り扱い、号令に応じて書籍を開閉させようとするような筆法を用いるためである。かくして各児童の個性は、団体のために圧迫され、莫大な課題のために消耗されざるを得ない。これと同時に、教員は一個人の力のとうてい及ばない多すぎる仕事を持ち、ついには学校の神聖な任務を没却し、教育家たる資格を放棄するのもやむを得ないこととなる。なぜなら、このような制度の下において、彼らが教育者としての神聖な任務を忘却し、一ヵ所に集合させられた児童の監視者として任用されたかのごとく信ずるようになるからである。

教育の現況がこのようなものとすれば、教育事業を国家の権力および勢力の下における独占的事業と認める国では、就学強制制度を施行すべき正当な理由があるのか、われわれは大いに研究を要するところである。

就学強制制度は合理的か

就学強制制度が果たして合理的なものか否かは、理論上これを討究しようと、また実際今日にいたるまで、紛々と議論がなされている。けれども人民に強制的に文化の恩恵に浴させ、かつこれを免れることを許さない権利を主張するものは、また一面において、人類に対し重大な義務と、容易ならざる責任とを負担するものであることを覚悟しなければならない。なぜならば、このような強制法を施行した教育は、人民のために真の財宝となり、有形無形の結果を生ずる資本となり、いわゆる「砂漠の飢渇者が発見した貴金属の袋」となるに違いないからである。

そもそも児童を化育し、教導する天賦《てんぷ》自然の権利を有するものは誰であるのか、またこれをなすべき義務を有するものは誰であるのか。言うまでもなく児童の両親であって、他人ではない。昔は、児童を教育する家庭の全権を認め、人工的、社会的組織である国家を無視した時代すらなかったわけではない。もし国家が、両親の特権である児童の保護および意向を代理し、しかも自己の意見に基いて、教育の方針を定めようとすれば、当然、その経営にかかる教育事業の結果が、現実の効用を生じ、児童通学のために両親が負担する犠牲に相応する収穫を生じさせるように努めなければならない。

ある論者は就学強制および小学教育の方針を規定する国家の権利を弁解して言う、「国民たるものは、総て少なくとも読書、算筆の最も普通で単純な知識を持たなければならない。これを欠いては、文明開化および富の進歩は望めない」と。しかしながら、これらの目的は、果たして強制的教授および公立学校だけで達することができるのか。

フランスでは久しく就学強制の制度はなく、英国などは、今日にいたるまでこの制度を採用せず、したがって人民の中で、終生、公立学校に通学しないものがすこぶる多いにもかかわらず、国運の隆盛が今日において見られるのはなぜか。問う、英仏両国は教育自由主義のためにいくばくかの損失を招いたのか。

要するに、国家がその煩雑な官僚政治の手を伸ばし、社会の自由な発達とその経済的な企図を取り締まり、まさに萌芽しようとする個人的企業の温室ではなく、かえって文化を利用しようとする人民の総ての計画を冷却させ、官僚的国庫主義の重圧で、これを苦しめる以上、いかに峻厳な就学強制制度で教育を励行しても、また公共的教育のいかなる方法と手段によっても、何ら得るところがないであろう。国家がたとえ、幾百万の人間を強制して教育を受けさせても、これらの幾百万人が、その習得した知識を生かして現実の利益を収められる分野を準備しなければ、国家はむしろ教育事業によって誠心誠意社会の幸福を図るものではなく、まず第一に廉価な日給写字生の群団を養成しようとするものである、とのそしりを免れることはできない。

第七章　われわれはいかにして官僚政治を撲滅すべきか

民権に関する闘争

現時における社会的、政治的闘争の主義方針はいよいよ多くなり、どうやって官僚政治を撲滅すべきかの問題に対する解答も、ますます多くなっている。ある論者は、政治的、社会的状態の過激な変革を行って、その空想を実行しようと欲し、ある論者は、国家的権勢の侵略に対し、現在わずかにわれわれの手に残された個人的自由の断片を保護して、救済の方法とし、またある論者は、なるべく現在の社会的区画の範囲内で、公の制度に準拠して行政機関を改良すべきことを主張した。いずれにしても、社会的建築物の破壊は、新築するよりも容易である。しかも古い建築物は、老朽腐敗した部分を修繕加工することによって、多くの近代的建築物に比べて、はるかに堅牢なものとすることができるのは明らかである。

世には往々にして、われわれのいわゆる官僚政治が、古来の事物に対する新名称にすぎないことを主張するものがいる。世界の歴史を考えると、国家の任務は、時代が異なるにつれて、あるいは広く、あるいは狭くいろいろ解釈されたが、国家およびこれに直接関係ない分子で、自己の勢力威光を拡張しようとする希望を発表しないものは稀である。歴史がわれわれに教えてくれたのは、十八世紀の末葉におけるフランス革命のように、社会制度の最も過激な変革であっても、国家の官僚政治を撲滅できなかっただけでなく、かえってその勢威《せいい》を逞《たくま》しくするようになったことである。

かくしてわれわれは、国家のような最高の社会的団体の任務に関する思想、ことに国家は共同の幸福を図るため、人類が任意に結合したものであるという、根本的使命の認識を普及させることによって、初めて、国家がこれとは異なった任務を有するというような虚妄の理論がはびこることを制止することができよう。

もし官僚政治の弊害が、今まで誰も気がつかなかったもので、また誰もかつて反抗を試みなかったと信ずるならば、それは非常な誤解であると言わなければならない。われわれが古来の学説および政治的著作の中に、かつて人民が官僚政治に対する闘争の跡を認めないのは、その敵手である官僚者流が常に優勢であって、反対者を必ず沈黙に終らせたためである。

今や国家の政治を自由に批判できる時代となったのであるから、官僚者流の慢性的妄想狂が、いかに真の文明開化を阻害しつつあるか、ますます明白になってきている。したがって官僚者流は、社会的有機体に対して行った掠奪《りゃくだつ》の結果を分配することによって、国民の口をつぐませることはできない。昔は堪忍強く無頓着な人民に対して、政治の欠陥は天命がそうさせるのであって、当然これは忍耐すべきものであると説諭したのだが、今日にあっては、人民はもはやこれに服さず、進んでこの欠陥を除去しようとするようになった。

世には極端な保守論者がいて、官僚政治に対する反抗を、社会の秩序、国家の存立に対する暴行と考えるものも少なくないが、また一方では、官僚の形式主義と、被治者の表面的服従に対する政府の虚栄心が、日に日に政府と人民との隔絶を増長しつつある危険を洞察した一部の識者がないわけではない。今や国家の祭壇に捧げるべき個人的および物質的犠牲は、しだいに増加しつつあり、政府と人民との反目を促がすのに十分な機会は頻々として日に多くなりつつある。かくして、用意周到で熟練した外科医が起ち上がり、大手術を施すべき時代は、すでに熟したと言えよう。

ロベルト・モールの政治学によれば、民権に関する闘争はまだ終結していない。けれども誰が民権の限界を画することができようか。今や、経済界の状況はますます悲観的となり、貧富の差は一層甚だしくなり、単純に観察してみても、社会的秩序の安全に対しては、より一層の注意を加える必要が生じているときに、人民が国家と隔絶せず、ますます強固な統一体とするのは、焦眉の急務というべきではないか。言うまでもなく、列国の関係は、いよいよ危険な状態になっており、内部の実力をますます堅固にしていかなければならない事情となっているではないか。加えて、民族的、宗教的闘争は、文明開化の進歩とともに、日に激烈を極めつつある。モールでなくても、誰が枕を高くして惰眠《だみん》を貪《むさぼ》るものがいようか。

人民は官僚の跳梁《ちょうりょう》を憎む

モールの著作が世に出て幾星霜、今日にいたっても天下の形勢は少しも改良の痕跡を示さず、民族的反目の兆候は、ますます甚だしさを加えようとしている。あるいはスラブ統一論★といい、あるいはゲルマン統一論★★といい、あるいは帝国主義といい、民族的排外思想はますます旺盛となり、いずれも領土あるいは政治上の限界を認めることなく、また現状を少しも配慮しないのである。ここにおいて、現在の秩序を維持しようとする論者は、国家の威厳を高めるために、まず各般の改革に着手して、なかでも近代国家の寵児である官僚政治を一掃することに努力せざるを得ない。しかも一方には職業とパンを求めて喧騒を極める多数の貧困者があり、国法的団体を離れ、従来の指揮者を度外視する幾多の結社があり、戦慄すべき政治上の無政府党などもあり、幾多の重大問題は次々に政府の覚醒を促がしつつある。にもかかわらず、彼らは平然として礼帽の新型、礼服のボタンの数、事務統計表の新項目、公文の新様式といった問題に貴重な時間を費やしている。

★（↓汎スラブ主義）スラブ民族を他民族と対置させ、全てのスラブ系民族をロシアに国家統一しようとする運動。十八世紀末から十九世紀を通じて勢力を拡大し、一九世紀末以後帝国主義的色彩を強め、ドイツ中心の汎ゲルマン主義とバルカン半島で衝突した。同時に、ロシア国内の非ロシア民族を弾圧するための手段へと転化した。（西洋史辞典）

★★（↓汎ゲルマン主義）ドイツを中心としたゲルマン民族運動および思想、言語、文化の共通性をもとにして、全ゲルマン民族の団結をはかり、生存圏の拡大を目指す十九世紀から第一次世界大戦前までの運動。汎スラブ主義に対抗して、全ドイツ協会が主張したことに発している。現実には、3B政策など、ヴィルヘルム期ドイツの帝国主義政策を正当化する機能を果たした。最終的にはバルカン半島で、汎スラブ主義を奉ずるロシアと衝突した。（西洋史辞典）

われわれは、かの国家というものを、高尚な理想を掲げ、いたずらに無能無識な劣等の官吏によってその目的を達するものとし、または現世における有力者の利益、地位および官吏を保護するためにだけ存在するものとする学説に与することはできない。

かの無政府党が乱暴な破壊を企図し、火と剣とによって、一切万事を解決しようとする兇悪残忍なやり方は憎んで余りあるものであるが、われわれは、この多頭的怪物とは一見天地の差があるように見える今日の官僚者流とを比較して、これを同一視することがあながち極端に失するものではないことを信ずるものである。なぜならば、今日、徐々に絶えず増長している民衆の不平、および今日かろうじて抑制している民衆の憤恨を、将来いつの日か、突如として爆発させるものは、自己の虚栄に目がくらみ、良心の知覚を失っている官僚者流にほかならないからである。

近代の国家は、その超絶した任務を遂行するために、ますます新規な精力と手段を求めているが、人民がいかに政府の従僕を嫉視《しっし》憎悪しているかを冷静に観察するならば、官僚の跳梁が、いかに国家の勢力と威望《いぼう》を甚だしく失墜させているかが知られよう。

国家の存在を否認するのではない

官僚政治の廃止を望むことは、決して国家の存在を否認するものではない。国家は文明および人民の幸福を増進する要素として、無限無極の能力を有するものである。ゆえに人類の幸福を企図するものが、必要欠くべからざる範囲にまで、国家の干渉を排斥しようとするのは、今日の社会を野蛮な時代に退歩させようとするものにほかならない。何人といえども、国家の目的を達するために、今日の社会的生活が、ますます人工的、集約的になるにしたがって、ますます豊富な物資を要し、またこの物資は人民を措《お》いて他に誰も産み出す者はいないことを否認する者はないだろう。けれども、他の半面、政府は国家の精力および活動に必要欠くべからざるものでない限り、できるだけ人民の不便、不快を避けるように意を用いなければならない。

要するに、何ものが官僚政治の弊風を打破し、その撲滅を図り得るかは、われわれはただちにこれに答えることに躊躇《ちゅうちょ》しない。官僚政治の弊害を認め、あわせて心から人類の幸福を企図すべき任務を有するものは、国家、社会、識者、新聞および学問であって、これらが率先して官僚政治の撲滅に努力すべきである。

第一節　国家の任務

実体的法律の簡素化

実際に、必要の程度を超過した権力の濫用《らんよう》を防止し、この権力の機関である官吏を養うために、人民の負担を重くするものを抑制し、政府と社会との関係を疎遠かつ両者を反目させるような形式を調整するのは、国家の任務ではないのか。

この目的は、今日、特定の者の独占的知嚢《ちのう》と化した形式的、実体的法律をできるかぎり簡単にすることによって、容易に達することができるだろう。そもそも法律は、国家的社会における人生の基礎として、人類一般がよく知ることができるべきなのに、今日においては、その知識は、あたかも日常われわれが遭遇する天則のように、まだ人類一般に普及していないのである。

行政機関の簡素化

国家の第二の任務は、行政機関の組織を無限に複雑にする従来の弊害を、根本的に打破することである。今日、社会的生活の形式および現象が、ますます錯雑になるにつれて、これを運転する機関手のシステムは、ますます簡単にしなければならず、また文明進歩の急行列車によって、現在の世界を理想郷に導く鉄道の敷地は、ますますその紆余曲折《うよきょくせつ》と高低を避けなければならないのは当然のことである。発明的天才の驚嘆すべき精神的労作からなる急行機関車のような怪物は、果たして蛇のような紆余曲折した不定の線路を進行することができるのか。総ての技術は、迅速な運動と、平坦な道路とを要することを、第一の原則とするにもかかわらず、公共生活だけは、官僚者流の根底から誤った観念に制されて、独り例外の法則に服従している。かくして近代国家の進路には、往々にして不慮の災厄《さいやく》を生ずることを免れない。

このように行政機関を簡単にすると同時に、この機械は「死物の無神経な一局部」よりは、さらに一層、高等なものであるという自信力のある世話人を要する。しかもこの世話人は、上述の確信とともに、各部局活動の目的と精神をよく理解し、互いに相連結して、有機体全部の行動に統一的調和をもたらすような能力を持っていなければならない。

官吏の登用を慎重にし予備教育を完全化

利口な機関手は、機械の内部に摩擦の音響を知覚すると、機械の運転が円滑でない原因を探求し、機械が全く使いものにならなくなる前に、ただちにその運転を中止し、機械を掃除する。誰でもこの注意を怠るものは、後になって自分の労働が無益であることを悔悟《かいご》せざるを得ない。したがって、国家が官吏を登用するとき、まずその精神的、物質的性格について、最も慎重な選択を怠ってはならないのである。

現時の官庁の多くは、官僚政治の苗床《なえどこ》のような観があるが、われわれは、それだからといって、ただちに官職および官吏の不必要を主張しようとするものではない。かりそめにも、国家またはこれに代わって指導者としての職責を有する社会的団体がある以上、官職および官吏の存在を否定するべきではなく、彼らが社会の利害善悪に明らかな影響を及ぼすことは当然である。そして官吏が社会に及ぼす影響を、有益で幸福なものにするには、たまたま官庁内に堪能な人材が散在していることで満足してはならず、その全部が職務の尊厳、威信、名望の自覚をもって一貫していなければならない。官庁は濫《みだ》りに衣食を給することで人物を招くのではなく、真に社会に貢献すべき仕事を与えることで人材を網羅しなければならないのである。そのためには、彼らに金銭上の心配をなくすと同時に、官庁以外にあっては、できるだけ意見の自由を与え、天下の俊秀がその不羈《ふき》独立の精神があるために、官吏の職務に従事することを躊躇《ちゅうちょ》することのないようにしなければならない。また任官は、誰に対しても平等かつ自由にするべきである。思うに、他人を統御する能力は、信仰、または偶然な社会上の身分に関係するものではなく、ただその教育、才能、および誠実の程度いかんによるものであって、これらの天性は、決してかの独占権、あるいは保護的特権によって獲得されるものではない。

官庁に人材を登用する条件は、合理的予備教育の設備を完全にすることにある。官吏の予備教育とは、法律の知識を授けることではなく、法律の原則を教えるものでなければならず、すなわち一時の製造物あるいは妄想的産物ではなく、幾千万人の頭脳によって産出された精神的共同作業、幾世紀もの間における人類の経験、法律のために行われた闘争、法律に関する結果である法理を教授するものであることを要する。かりそめにも法理を知る者は、法律界の全体の形勢、および法律と人間との関係における交互作用を見抜くことができ、社会のある現象に対しても、その主義方針の選択を誤ることなく、また社会に対しては正義の指導者、複雑な社会的現象の指導者として、常に高尚優越な任務を忘れず、かの「盲目の羊」が、模型主義・先例古格主義の経路を辿るような愚《ぐ》を演ずることはないだろう。

現時の官吏の候補者は、果たして教育を受けるのが少なすぎるのか、また学問上の試験を経ることが不十分であるのかといえば、われわれは、そうでないと躊躇なく答える。けれども、われわれから見れば、彼らは官吏の生活および行動に不必要な多くの贅物《ぜいぶつ》を注入されたにすぎず、換言すれば、学校出身の官吏候補者は、学んできたものは少なくないが、間違った教育を受けたものが少なくない。すなわち彼らは、その職務上、かつて利用する機会のなかった事項については、かえって詳細に知っているが、往々にして、経済的、および知能的社会生活の単純な原則すら、知らないのである。

官職を授けるときの要件

活動の範囲が広く、したがって俸給の額も多い高等の官職を授けようとするとき、濫《みだ》りに上官の依估《えこ》贔屓《ひいき》や臆断《おくだん》によることは断じて許されない。第一に功労、経験、技能の有無によって決しなければならない。そして誰であってもその技量の真価を発揮できるようにするため、公然の競争を許さなければならない。恩寵主義と官僚政治とは互いに相提携する姉妹のようなものであって、社会の栄養を横領する一種の寄生木《やどりぎ》にほかならない。かくして、社会と称する土地で、進歩と称する果実を収穫しようとするには、同時にこの両者を刈り取らなければならないのである。

十分な俸給と属僚の淘汰

官吏は十分な俸給を受けなければならない。官吏は自らを卑下して、自分を国家に屈従する奴隷と見なし、一般人民に対して劣等な地位を占めるものと見なす必要はない。また、官吏は、自ら卑下してあてがい扶持を受け、その収入を越えた食欲も希望も満たされることはできないと覚悟する必要はない。ここにおいて、一方では歳入予算、すなわちいかなる不測の支出も、またいかなる予算の増加も、これを許さない歳入予算の束縛を受け、凡庸に生存する属僚の淘汰を行うと同時に、一方では、職業に従事する官吏に十分な俸給を与え、後顧《こうこ》の憂いをないようにするとともに、その職務上の義務に抵触しない誠実な方法を講ずるものにかぎり、所得の増加を図ることを許さなければならない。

かくして官吏は、初めて直接にその国、その社会の経済的生活に参加し、それによって一私人が生活のために奮闘する困難な状況を実験し、間違った立法が経済界に及ぼす結果、および行政の間違った処分の影響いかんを、直覚することができよう。ここにおいて、官吏は、その職務の範囲内において取るべき主義、方針および形式の卓越した改革者となることができ、無味乾燥な法律の条文を、実際社会の活発な事態に適合させることができるようになるだろう。

職権の無用な制限を避ける

官僚政治を撲滅する第二の手段は、今日のように、無用に官吏の職権を制限することを避けることにある。官庁の極端な長官専制主義、および些細《ささい》な事項にいたるまで多数の階級を経由させる組織、なかでも官吏に裁決権を与えず、事々にすべて上級官庁の認可を受けることを要する制度は、すなわち官吏の職権をますます狭くするだけでなく、些細な案件にいたるまで決定を遅延させることが少なくない。その結果、単に下級官吏に多大な不都合を感じさせるだけでなく、彼らが直属する官庁は、些細な事項にいたるまで、繁文縟礼《はんぶんじょくれい》を尽くして、上局の認可を受けなければならないことを人民に知らしめ、ひいては官庁に対する尊信《そんしん》の念を失わせるのは当然のことである。そして官吏もまた、このような無勢力な官庁に奉職しつつある間は、おのずから自己の独立心および創造力を失い、時とともに枢要な地位を占めるようになっても、自己の最善の知識および良心の資性に従って活動しようとする勇気および精神を持たないようになるのである。

中央集権主義は最も危険

行政の中央集権主義は、二、三の例外を除いて、常に最も危険な事に属する。思うにこの主義は、およそ権力によって行う要務を総て一点に集中しようとするものであるから、事の巨細《こさい》を問わず、政府の手に属する案件は、一方向に流れて中央官庁に奔注し、事務の堆積とともに官吏はその処理に忙殺され、その結果やがて公共生活の要素を損傷するようになるのは、決して少なくない。そしてそのために生ずる損害は、上級官庁が下級官庁に委ねるべき事務を、自己の手に集めて最も的確な処分をすることによって得る利益に比べ、はるかに大きなものがある。われわれはこのような誤った政府の処置に委ねられつつある日常生活の些細な案件も、これを合算すると、社会的利益の莫大な価値となることを忘れてはならない。われわれはこのような誤った中央集権主義の実例およびこれによって生ずる弊害を、オーストリアの郵便・鉄道事業に最も明瞭に看取することができる。オーストリアでは、少しも公衆の利益を顧みず、交通の安全を度外視し、経済的方面を忘却して、些細な案件にいたるまでことごとく、これを大簿冊に記入し、納めるべき中央官庁に送致することが、その事業の目的であるかのごとく考えている。

長官には気概ある適材を

フランスの格言に、「長官の価値によって下僚の価値が知られる」ということがある。一般官吏を社会に貢献する能吏とするには、その司令長官としての人格は、当然、清浄無垢であり、学識において、社会的経験において、あるいはまたその忠誠な素志において、一点の欠けたところがあってはならない。彼らは官吏の職務上、しばしば遭遇する「私は黙って公務の進行に必要な事項を実行するか、またはその知識良心に従って潔く辞職するか」の窮《きゅう》境《きょう》に立ち、断然その帰趨《きすう》を誤らないだけの勇気をもたなければならない。かりそめにも上級の指揮官であって、このような不撓不屈《ふとうふくつ》の精神を持ち、官僚者流の遺伝によって制されず、自己の地位を失うことを恐れて不正不義に盲従することがないならば、国家および社会は、これによって多くの官民の衝突を免れることができるだろう。

もし一国の官海から官庁臭味を脱せしめようとすれば、最高官庁の長官は、当然、まず官僚者流であってはならないことを要する。彼らは、政治家、学者、あるいは深遠な学理的あるいは実際的知識を持つ非凡な人物でなければならない。彼らが官僚政治の濃霧に没入し、そのために広漠とした視界を遮蔽されるような人物であるならば、われわれは、どうしてこれに向って、社会に対する官吏の行動や態度について、好個の模範を求めることができようか。人民は、君主がその輔弼《ほひつ》の臣僚を選ぶとき、まずその卓越した才能に着眼することを望むであろう。いかに官庁の事務に熟練し、あるいは勤勉であっても、単に紙上の責を全うするだけで事足りるとするような、混濁した空気を望むものではないのは、当然である。今日の官僚的政府を打破して、政治的主義および理想を根底とする政府を建設しようとすれば、まず最高官庁の長官として、上述のような適材を充てねばならない。そうでなければ、今日の国家的生活にひろがりはびこる模型主義の雑草を刈り取ることは、しょせん、望むべくもない。

もし熟練を必要とすれば、当然、大臣の下僚である参事官に、これを望まなければならない。大臣そのものは、一国の政治的生活における中枢者として、親切および同情の連鎖によって社会に存在するものでなければならない。

政府に対する反対運動は猟官のため

ドイツの学者ローマー★が主張するには、政府に対する反対運動は、必ずしも理想的な大臣の輩出を促すゆえんではない。なぜならば、第一流の政治家と称せられるものが、あながち政府の反対党であることを要しないからである。そして政府に対する反対運動は、多くの場合、高位高官を猟する野心家の、欺瞞《ぎまん》的手段にすぎないことがある。

★（→ドイツの学識者ローマー（兄））**F. Rohmer**（**1814-56**）独の文筆家、主に南独で活動した。神秘主義的心理学に関する著作のほか、政論多数。国家学者ブルンチュリとの交流で知られる。（ADB）

官僚政治を排除しようとすれば、各官庁における各代表者は、一般人民と同じく、一般の福祉に協力すべき責任を有する社会の有機的一局部であることを自覚しなければならない。

官吏は人民の中へ赴くべきである

官吏は「威厳、あるいは優越」なる地位をもって人民に臨み、不自然に外観を装い、虚栄を張るようなことがあってはならない。官吏はその職務を執行する地方の子弟であるという覚悟を要し、文明の発達、人民の幸福を図るに当って、その最良の利益に着目しなければならない。官吏が、征服者の新領土の人民に対するような態度をとる間は、官僚政治の撲滅はできないであろう。官吏は、当然、自ら人民の中に赴かねばならない。人民を官庁に出頭させ、長い間待たせた後ようやく引見することが、最大の恩恵を施すかのように考えてはならない。塵埃《じんあい》の積った官庁の窓から朦朧《もうろう》として眺められる事物、煩雑な照会往復の末、長い日時と形式を要する事物、あるいは一見してただちにこれをどう処分するべきかが分からない事物など、これらすべてにわたって官吏が直接に臨検し、直接に応接するときは、世人一般の満足する解決の方法を発見できるだろう。ある地方の紛議で、官吏の仲介を要する場合、官吏が現場に臨んで敏速な処分をするときは、多くの訴訟は中途で平和な解決を見るであろう。

官庁において、自分の当番を待つ人民は、その身分の高下を問わず、相当な待合室を与えられるべきである。そうでなければ、人民は、ある者が暖かい室で肱掛椅子に坐っているのに、寒さに震えながら数時間も堪えなければならない。そのため法律の前には国民は平等であるという主義に疑いを挟むようになり、人民は、贅沢《ぜいたく》な暖かい室で傲然《ごうぜん》とした官吏に比べて、つくづく身の不甲斐《ふがい》なさを感ずるようになるだろう。

官吏の口調は明瞭に

官吏が官僚者流であるという非難を免れようとすれば、ある命令あるいは裁決を与えるとき、これを受理する者が、官庁の要求し命令する事務について、最も明瞭な解釈を下せるように努め、一言かの不可思議な謎、あるいはデルフォイの神話★に類することがあってはならない。官吏の命令は、一言であっても、事実および理由の明瞭な説明を伴って出されるべきであることを要する。口頭と文書とを問わず、官吏の口調は、真面目で活気あることを要するが、決して傲慢不遜《ごうまんふそん》であってはならない。照会状を発するときは、合理的、可能的な事柄についてするのであって、いたずらに文書を発するに止まる空文、形式で満足してはならない。

★（↓デルフォイの神託）デルフォイは古代ギリシャの聖地、アポロン信仰の中心地。アポロンが地神ガイアの子ピュトンを殺して神託の神となったと伝えられる。ここでは四年ごとにピュティア祭の競技が行われた。この神殿の神官が下す神託は前七〜六世紀には全ギリシャ世界で信じられた。神託の内容は極めて象徴的寓意的なものであり、多様な解釈を許すものであった。（西洋史辞典）

事務の遅延をなくす

今日、官僚政治の弊害である事務の遅延は、結局のところ、官庁の形式的事務、すなわち、極めて皮相的な小刀細工《こがたなざいく》的処理による事務の膨張に起因するもので、まさに当局の猛省を要する。些細な形式的欠点のために事務を遅延させるよりは、むしろi字の・を省略しても、なお敏速に処理するほうが優れている。いたずらに事務を遅延させる結果は、案件の落着を望む人民に少なくない損害を与え、官庁は一件記録に新文章を追加するにすぎないのである。

ロベルト・モールの説によれば、行政は社会的生活に対して、民事訴訟的筆法を用いる権能はなく、換言すれば、公事について形式上の欠陥があることを理由に、人民が官庁に対して請求した権利の救済を拒絶できない。もし敢えてそれをすれば、それはすなわち官僚政治の三百代言〔不正規の弁護人〕流と称するものであると。

冷淡無礼は人民を激昂させる

官僚政治を弁護するものの意見によれば、官吏は利害得失の弁別を有するべきだが、決して心情を持ってはならない。かくして初めて官吏は、冷静な打算および公平な法律によって、その態度を決することができ、官僚主義の卓越した機械であることができると。けれども事実において官僚政治の判断裁決は、人民の恐怖を引き起こすことがあっても、その同情をひくことはない。そもそも社会的葛藤、あるいは一般的恐慌の時代に際して、官吏の親切な同情は、熟議の末に出た正確な行動、あるいは冷静な打算の結果出た公平な態度に比べて、はるかに人民を安んじさせる傾向を持つものである。多くの民衆の中に放った冷淡無礼な一言は、たまたま幾千の人民を激昂《げっこう》させることがあっても、政府の代表者が温言で社会の精神的あるいは物質的困窮を慰める同情の言は、猛烈に激昂した人心をなだめ、かつ不穏の際であっても、人心の均衡を保たせるのに効がある。

技術的知識が必要

かりそめにも官吏が官僚政治の機械ではないと欲するならば、人生、人事の百般を知り尽くし、また法律の原則に通ずるとともに、その職務上遭遇する重要な産業の技術的方面についても、多少の知識があることを要する。技術が人類の福祉を増進するために、自然の力を応用するにいたって、彼はまさに人の長者であるという批評は、すこぶる適切なものがある。かくして技術の大要は、その奨励を双肩《そうけん》に担って立つものにとって、必ず知らなければならないものである。けれども、経済的生活の技術的方面に関する知識は、必要な程度に止めるべきで、官吏が全知全能の自負的妄想を懐くことがないようにすることを要する。

官吏が他の職業者と交際するとき、自分の官房的知識をひけらかし、あるいは専門業者の所説を度外視して、驕慢《きょうまん》無礼《ぶれい》な言行を敢えてするようなことがあれば、いたずらに世間の嘲《ちょう》弄《ろう》を招き、官府の尊厳を傷つけるだけである。

統御心を慎む

したがって官吏は官僚政治一般の弊風として認められている「統御心」を慎まねばならない。今、ある官吏が小心翼々としてその下僚を監視するものとしよう。彼は下僚がその職制によって許可された範囲を出て、一ミリメートルでも重大案件を独断専決するようなことがないかを監視しようとして、その独断がかえって、自己の裁決に比べてはるかに良好であることを発見したとしよう。誰が官吏の職権が特権ではなく、むしろ重大な負担および責務であることを思わない者があろうか。

繁文縟礼の廃止

官庁の内勤においては、繁文縟礼《はんぶんじょくれい》を廃止しなければならない。思うに、これは他の重大な事務を処理するのに必要な時間を奪うからである。今日、官庁において繁文の弊害が増長した原因の一つは、一切万事を統計表に編製しようとし、そのために多くの小統計表の予備を必要とするからである。

統計は、行政の最も重大な項目であることは疑いを容れないが、これを編製しようとして、他の最も重大な政務をおろそかにするのであっては、全くその目的を誤ったものと言わざるを得ない。加えて、統計表を編製するに当り、他の肝要な政務を度外視するのがやむをえない場合にかぎり、その統計の事実は、あたかも空中の楼閣に等しく、その成績が純然たる戯曲、あるいは何らかの実価もない児戯に終るのは、火を見るよりも明らかである。かくして下級官庁に対し、公共的、経済的、あるいはその他の状態に関する報告を徴するときには、真に重要な事項だけに止め、決して下級官庁の嫌悪軽蔑を引き起こさせるような些事に渉ってはならない。そしてこのような定期報告は、官庁文書課の秘密、あるいは官房庫裡《こり》に棲む鼠族の巣窟として終らせてはならず、広く一般社会に、公表されるべきものである。思うに、人民は、これによって諸般の研究、および政府監督の資料を提供されるからである。

立憲的原則を確守

下級官庁から提出される報告が、真実を要することは言うまでもない。思うに、下級官庁が虚偽の報告を提出するときは、執務全体の信用および価値を埋没させてしまうからである。けれども、上級官庁もまた、報告を提出すべきものが、十分に事態の真相を知らないと認め、あるいはその報告が、上級官庁に対する下級官吏自身の告訴に相当するため真実を記載しないと認めるような案件については、初めから報告を望む必要はないのである。

官僚政治を撲滅する要件は、このように多いのだが、なかでも重要な要件は、一切の官庁および総ての官吏が、立憲的原則を確守することにある。もとより立憲政体と称する一個の単純な形式が、官僚政治の発生を拒絶できないことは言うまでもない。なぜならば、われわれは、立憲的、自主的に統治された諸国においても、なお官僚政治の弊風が著しいのを目撃しているからである。けれども、立憲的原則を確守することによって、政府は少なくとも官僚的寄生虫が繁殖する素因を減少させることができるからである。そもそも官僚政治の勢力は、その法律上の根拠が薄弱なのに乗じて増長してくるのを常とする。何人であっても、憲法に矛盾する政府の要求あるいは禁令が、長く持続することはできず、結局、正義公道の前に屈服すると信じるからである。かくして、われわれは、各官庁および各官吏が、挙《こぞ》って立憲的原則を確守することにより、ついに官僚政治の弊害を打破できると信じて疑わない。

第二節　社会の任務

特殊な見地が必要

ここにおいて、われわれは、一歩毎に官僚政治と称する慢性的疾患のために、その生命および教育を阻害された社会自身は、官僚政治に対し、いかなる態度をとるべきかという問題に辿り着いた。

もし単に理想的観察をすれば、その解答は、前節の官僚政治撲滅に関する国家の任務について説明したことで尽きるといえよう。思うに国家は、その目的およびその職責上、社会の中心、社会の精神、社会の意志、社会の理性であるべきものだからである。

けれども、官僚政治の国家は、元来この疾患があるために、社会全体の利益を代表する資格がないものと認めざるを得ない。したがって、官僚政治を撲滅しようとする社会の任務は、別に特殊な見地からこれを論じなければならない。

人類が官僚政治のくびきを脱しようとするときは、かつて社会的および文明的改革を企図した当時と、同一の経路および同一の手段をとって進まなければならない。そして人類は、いずれもその目的およびこれを達するのに要する過程を理解し、かつその疾患の外科的手術を行うとき、勇往邁進《ゆうおうまいしん》、少しも躊躇《ちゅうちょ》してはならないのである。

議会はみだりに官職・官吏の膨張に賛成しない

国会、地方議会のように、現社会の意志を発表する任にある機関は、今日のように軽率に自適して、みだりに官職、官吏の膨張を賛成してはならない。官職および官吏の増加は、彼らが現時担当する無意味な職務を半減することにより、優にこれを避けることができよう。あたかも議会が、かの民族的事件に対して発揮するのと同様の元気で、根本的に官庁の実質的・形式的改革を要求し、最下級から最上級にいたるまで、厳密に所要人員を調査し、この需要を超えて、たとえ一人の官吏でも採用することは、官金費消と同罪視する方針を立てなければならない。これと同時に、官制、執務規定、文書記載令などを改正し、努めてこれを簡単平易にし、現時のように形式を主とし実質を従とし、実質を形式に適合させるようなことをなくし、実質を主とし形式を従とし、形式を実質に適合させなければならない。このようなことは、官僚者流から見れば不可能な妄想と見るだろうが、決して困難な事業ではない。ただ、これに要するものは、一に改革を図ろうとする誠意いかんにあるだけである。

請願を行う権能の行使

社会はこの根本的改革の方針をとって進むほか、まずは権利保護の一切の手段を利用し、かつ上級行政庁に対するときは、議会に請願を行う権能を行使しなければならない。官僚政治の行われない国家、たとえば英国、ベルギー、スイス、合衆国などにおいて、官民間の関係がすこぶる円滑である理由は、結局、その人民が、政府の自己に対する別種の待遇を認容しないためである。もし官吏の人民に対する軽蔑的口調が、各個人の激昂を甚だしく招き、あるいは人民の事務が、不当に遷延され、あるいは人民の独立自由が不当な迫害を被った場合は、人民が、極力自己の権利を主張し、一切の手段を尽くして争うことに躊躇《ちゅうちょ》しないので、今日のような異数の状態は、忽然《こつぜん》としてその影を没し、官吏はより一層人民の権利を尊重するようになるだろう。しかもこのような方法は、多くの不愉快さを生み出すのは言うまでもないが、権利および正義のためにする戦いにおいて犠牲とした不愉快は、一般の公益のために行う熱心な防衛によって生ずる利益に比べ、はるかに大きなものがある。各人民は、一般公益の祭壇にひざまづき、この犠牲を捧げる義務があるのである。

弁護士による民権保護

社会はその価値に応じて、相応の待遇を受けるものであるとは、古来の真理であって動かすることができない。したがって社会が自らの位置を防御せず、頭を垂れて官僚者流の懲戒的《ちょうかいてき》鞭撻《べんたつ》および酷待《こくたい》の下に屈従するときは、とうてい、それ以上の進歩の運命を有するものではない。かくして、官僚者流の攻撃に対し、公権および私権の範囲において人民を保護するものは、何人であるかという問題が生ずる。私権に対するわれわれの防御者は、すなわち、その職務に熱心でその任務をよく知っている弁護士社会であり、それは下等社会に対してこそいささか廉《やす》くないものの、官憲の迫害に対する私権の保護については、十分な力を示しつつある。一般社会が、長い間、不法を絶叫したため、近年、ようやく改良された裁判権および民事訴訟手続は、国家が不法に私権を侵害しようとする場合、比較的完全にかつ迅速に、その保護を行いつつある。これに反して、官僚者流が、公権、なかでも政権および行政法の範囲において行った不法行為、あるいは圧制に対する保護の方法は、まだすこぶる不完全の域にある。

社会がどれだけ甚だしく官僚者流に屈従しているかは、国会およびその指導者が多年要求してきた改革案の中に、行政上、今日に比べてさらに完全な民権保護の組織を設ける必要が含まれていないのに照らしても、十分にこれを察知できるであろう。

今日における民権保護の方法は、すこぶる不完全である。弁護士はいずれも主として民法上の争議に関してのみ素養を有し、自己の独立事務所を開設する以前においても、開設以後においても、民法上の訴訟事件、および非訟事件のために忙殺され、行政的立法の神秘的奈落を察知し、または三角塔上の羅針盤たる実例の屈曲を視察することができないのは、むしろ当然であって、彼らが行政的知識を欠落するのは、怪しむに足らない。近代の政治的、行政的立法の全体は、極めて複雑であって、どんな記憶法でも容易に暗記できず、さながら、法律、命令、通牒、判決例などの海洋に対する観がある。

しかもこれに加えて、財務行政の立法という第二の海洋がある。したがって一度行政的知識および実務の迷路に彷徨した者が、正確安全な本路を発見しようとするのは、すこぶる困難なことで、予めその法律研究の初期において、行政法の部門に全力を注ぐのでなければ、とうてい得られるものではない。このように、行政上の素養を持つ弁護士が欠落した時代において、人民は行政的官僚者流の迫害に対し、なかでも財政上の区域における侵害に対し、保護を求めるため、やむを得ず、あるいはこの不完全な弁護士に依頼し、あるいは往々にして、不徳の嫌いがあっても時に有力な保護を与える三百代書人〔不正規の弁護人・代書人〕の手を借りざるを得ないのである。

弁護士はその職務の性質上、誰であっても依頼に応じて権利の保護を担任する必要があるのだが、とかく行政案件を引き受けることを喜ばない。思うに、弁護士は行政訴訟において、その関係法規を調査するために非常に多くの時間を費やさなければならないので、軽微な案件を引き受けても、これに要する手数が大いに煩わしいのである。もし軽率にこれを引き受けて、助手あるいは書記の手に一任したとすれば、そのために誤った拙劣な取扱いをし、依頼者に非常な迷惑をかけるという例が多いのである。行政案件において、弁護士の非実際的で無力であることに失望した公衆は、さらに有力な援助者を求めて、かの白昼を恐れる狡賢い代言者あるいは代書人の手に委ねようとする。三百代言・代書人という、いずれも賎劣《せんれつ》で貧濁《ひんだく》であり、道徳上すこぶる危険な輩《やから》であるが、公然の弁護士に比べ、はるかに優秀な材に富み、行政的立法、あるいは実例の知識を有するものが多いのはどうしてか。

今日における財政行政の弊風、なかでも租税の重荷に対する苦情は、結局、何人も国庫の不法行為に対し、人民を保護するものがないことに基づく。

自由結社の自治は有力な武器

だが、官僚者流の権力濫用に対する有力な防御の武器は、人民自らが結社して自由な組合的生活をすることにある。すなわち、自由な政治的および経済的結合は、人民の権利に対する官僚者流の暴行を絶ち、かつ官府の冷淡、酷薄な態度を撲滅する上で、屈強な手段である。孤立した一個人が、政治上あるいは経済上の利益を獲得するため、政府の助力を仰ごうとして、官僚者流の態度と衝突する恐れがある場合、結社的団体は、ある種の事項に関してよく国家の行為を代理し、官房との不愉快な衝突を免れさせることができる。

現行法の範囲において、できるだけ国家の行動を緊縮し、なかでも事々物々ことごとく国家および官吏の援助を仰ごうとする従来の習慣を廃止するのは、官僚政治撲滅の有力な一手段である。

自由結社であって、ますます自由な組織を持ち、かつその任務を尽くす原動力を、自己の知能的ならびに物質的蓄積に取るときは、決して官僚者流の冷淡な態度、あるいは模型主義と衝突することはないだろう。

一個人の企業心によって成立し、発達した多数の事業があるときは、官僚者流に中心人民を尊敬する念を起こさせ、かつ自分だけが人民を幸福にする独占権を持つものではないとの確信を懐かせるであろう。そして、自由な政治的、経済的結社の生活は、人民に独立的思考力を発達させ、行政的関係を実際に処理させる最良の学校である。実に、人民はこれによって、自治の知識、および自力の利用法を発明するようになるだろう。

自由結社の発達は、ただ官僚政治を撲滅できるだけでなく、あわせて流行病的社会主義に対する好個の治療手段である。かの社会党は、平等および物質的共有というような架空的妄想のために、他を顧みる余裕がなく、卑近で可能的である進歩の方案に対し、ほとんど盲者に等しいのである。

町村の自由な発達は官僚政治を撲滅する

また経済上すこぶる健全で、かつ自由な各町村の発達は、官僚政治を撲滅させる重要な一手段である。ところが自由思想が発達した現時において、なお識者と称せられる一部の人士の中で、ある関係においては、町村の自主的生活を制限し、これを政府の監督の下に置こうとする説を唱道する者があるのは、悲しむべき現象である。

一般の物質主義、総ての弱者を圧倒しようとする経済上の利己主義、国庫の圧制、小工業および商業の衰退は、今日、町村を経済的衰退の淵に臨ませた根本の原因である。けれども、これによって町村が自力によって今日の沈滞から脱出しようとする自由を奪う理由としてはならない。何人も傘を広げて驟雨《しゅうう》を止めることができないように、町村がその政治的生活を縮少するときは、経済上および道徳上の健康を保つことはできない。政治上、堪能な町村の指導者を養成する方法を絶って、誰が今日の沈滞から救済できるものか。

要するに、倫理上、社会上および経済上の健全な平民的精神は、官僚政治の恐るべき強敵であって、これを撲滅すべき最良の武器であることは少しも疑いを容れない。

第三節　学者および新聞の任務

科学的研究による疾患の撲滅

学者は官僚政治に対し、いかなる態度をとるべきか。科学は、伝染病毒に侵蝕された中古時代の形式主義が、その神聖な任務を度外視して、いたずらに社会の帳簿にこの疾患を登録することで十分だとしていたのを黙過すべきか。否、学者は進んで官僚政治の撲滅に参加し、現在の状態を公平な科学的批評の光に照らして、観察し、この社会的疾患を撲滅すべき程度および手段を指示し、しかも一面において、政党政派の邪路に彷徨《ほうこう》せず、また余りに理論的観察に偏らないことを要する。科学は、将来公共生活の舞台に立って活動し、官僚政治という妖魔を退治すべき青年を養成し、間接に人心を健全な方向へ指導することができる。科学はまた官僚政治に対する世間の苦情が、いかなる程度まで正当な理由を持つか、ことにこの苦情の中に、個人主義の極端な思想を含まないか、あるいはある社会の一部が、自己の特権に関して持っている妄想、ないし伝来の臆断《おくだん》が、国家思想の真義を適当に理解することを妨げていないか、または国家存立の必要から、当然生ずるものを、誤って官吏の失策過失と認めるようなことがないかを研究し、かつ決定しなければならない。また学者は科学的研究により、官僚政治の撲滅は、決して国家思想の撲滅ではないこと、および国家に反対するためにだけ反対するのは、すなわち国家の進歩を阻害するゆえんであることを説明せざるを得ない。

政治学者のように公平な分子は、官庁の越権、または官吏の職権濫用《らんよう》は、どうして人民の嫌悪を引き起こすのか、またその弊害を矯正し再発を防ぐのでなければならない。どうして一般の倫理的、社会的思想の衰弱を予防できないかを解明することに努めなければならない。学者は古代から近代にいたる各国の歴史において、非常に頽廃した社会に新生命を鼓吹《こすい》し、道徳上、経済上健全な発達を遂げた方法が何かについて、多くの経験や訓戒を発見することができよう。比較統計は、官僚政治の目的と、真の文明の目的とに支出する経費の差を示すものであって、官僚政治のための国民の負担が、国家の歳計予算において、最少項目となるものに限り、激烈な社会問題の紛糾がないことを証明する。

公器による官僚政治撲滅

最後に一言すべきは新聞の任務である。新聞は、その党派および意見のいかんにかかわらず、このように蔓延《まんえん》した官僚政治への攻撃に参加することは、あたかも他の社会的疾患におけるようでなければならない。新聞は、近代社会の一大権威である。官吏がその職権を濫用《らんよう》し、過度の干渉を行い、憲法上保障された国民の自由を蔑視した場合など、大声で叫び、その不当を鳴らし、その悪政を攻撃するのに憚《はばか》ってはならない。けれどもそれと同時に、新聞は事実を叙述するのに精密かつ誠実でなければならず、誇張的記事を慎まねばならない。新聞が一度その方向を誤ると、社会の木鐸〔警鐘を鳴らし教え導く人〕としての使命を全うすることができないだけでなく、国民は新聞の記事によって、焚火《たきび》を火事と誤った警鐘と同一視し、最初はこれに注意するが、後にはこれを顧みるものがいなくなってしまう。

政府もまた官吏の不法行為に関する記事を新聞に掲載させない慣例を廃止し、下僚の慎重な注意を喚起するため、これに対しては巧妙な逃げ口上あるいは取消しによって一時を糊塗しようとした従来の態度を改め、責任者に公然と十分な弁解をさせるだろう。これが政府の威信を傷つけるかのように考えるのは甚だしい迷妄である。思うに、政府はこれによって、社会に官吏が輿論《よろん》を尊重し、その威信を固守する証拠を示すことができるからである。

これがすなわち、われわれが官吏の態度を監督し、また社会と官海との間に充満する不快な空気を一掃する好個《こうこ》の手段とするものである。

〈『官僚政治』原著者について〉

ヨゼフ・オルツェウスキー
(Jozéf Olszewski 1867-1922)

正しくはユゼフ・オルシェフスキ。ポーランドの社会経済活動家，評論家。ポーランドは1796年以降，ロシア，ドイツ，オーストリア三国に分割統治され，オルシェフスキが生れ育った当時のガリツィヤ地方は，オーストリアの支配下にあった。東ガリツィヤの大都市ルヴフで法律を学び地方行政官になるが，オーストリア型官僚政治の欠陥を痛感，『官僚政治』(*Biurokracya*, 1903. 翌1904年には独訳 *Bureaukratie*, A. Stubers: Wurzburg 刊行）を執筆，役人を断念，地場産業育成の仕事に転身。1907年，オーストリア国家評議会選挙に出馬して落選後，ガリツィヤ各地を産業育成のキャンペーンのために巡回，ワルシャワにも出向き「自助サークル」設立に貢献，新聞に「旅先からの便り」を寄稿。ルヴフのタイプライター・信用会社社長となる。1908年，ルヴフ市議となり，『ヨーロッパの大都市への物資供給とこの分野におけるルヴフ市役所の活動』を出版。第一次大戦中，『ベルギーとベルギーの戦時における社会保障』(1917)，『農村商工の復興』(1918) などをまとめる。大戦終戦の1918年，ガリツィヤの南西部ザコパネに移住，建設会社を興し銀行監事となるが，1922年6月，肺炎で死去。

シリーズ〈後藤新平《ごとうしんぺい》とは何《なに》か——自治《じち》・公共《こうきょう》・共生《きょうせい》・平和《へいわ》〉

官僚政治《かんりょうせいじ》

2009年6月30日　初版第1刷発行 ©

編　者　後藤新平歿八十周年記念事業実行委員会

発行者　藤　原　良　雄

発行所　株式会社　藤　原　書　店

〒162-0041　東京都新宿区早稲田鶴巻町 523
電　話　03（5272）0301
FAX　03（5272）0450
振　替　00160 - 4 - 17013
info@fujiwara-shoten.co.jp

印刷・製本　図書印刷

Printed in Japan
ISBN978-4-89434-692-5